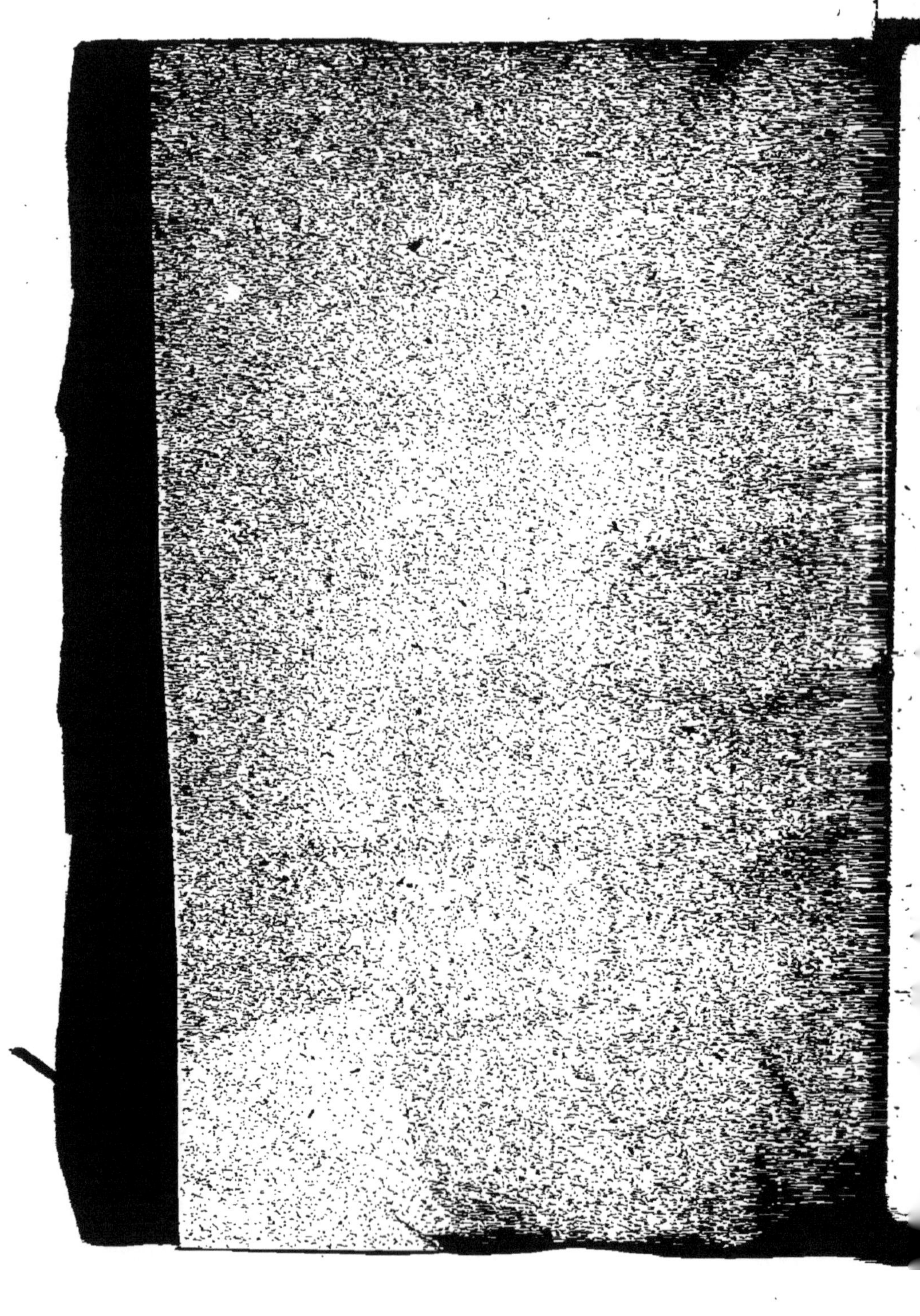

AIDE-MÉMOIRE

L'INFANTERIE.

ÉCOLE DE BATAILLON.

STRASBOURG
Typo-Lithographie de Vᵉ BERGER-LEVRAULT & FILS.

AIDE-MÉMOIRE

DES

CHEFS DE BATAILLON ET OFFICIERS D'INFANTERIE,

OU

TABLEAUX SYNOPTIQUES,

en miniature,

DE L'ÉCOLE DE BATAILLON,

d'après l'ordonnance du 4 mars 1831.

Avec les modifications relatives à la formation sur deux rangs, aux formations en marchant et aux carrés.

PAR LELOUTEREL,

Général de brigade.

7ᵉ édition.

Librairie militaire de Vᵉ BERGER-LEVRAULT & FILS,
Éditeurs de l'Annuaire militaire,

PARIS, | **STRASBOURG,**
Rue des Saints-Pères Nᵒ 8. | Rue des Juifs Nᵒ 26.

1859.

Tous les exemplaires sont signés par l'auteur.

AVERTISSEMENT.

L'École de bataillon, réduite à sa plus simple expression, c'est-à-dire dégagée d'une foule de détails qui l'allongent considérablement, est ce que nous offrons, aux officiers d'infanterie, dans ce petit volume; ils y trouveront, dans le moins de mots possible, les principes essentiels de chaque mouvement, ainsi que les commandements à faire.

Outre l'avantage d'avoir sous les yeux le texte et la figure, MM. les officiers y trouveront encore celui de pouvoir cacher le volume dans la main, pour le consulter au besoin sur le terrain.

La division en leçons, telles qu'elles sont généralement exécutées dans les corps sur le terrain, est celle qui a été adoptée.

EXPLICATIONS.	COMMANDEMENTS	
	du chef de bataillon.	des chefs de peloton et de division.

1.ʳᵉ LEÇON.

1.º Ouvrir les rangs.

	1. *Garde à vous pour ouvrir vos rangs.*	
L'adjudant-major se porte à la droite des serre-files........	2. *En arrière ouvrez vos rangs.*	
Les sous-officiers de remplacement reculent à 4 pas en arrière du 1.ᵉʳ rang, ainsi que		
le caporal qui ferme la gauche du 2.ᵉ rang, lequel élève son arme, la crosse en l'air. Ils sont alignés par l'adjudant....	3. MARCHE.	

Le 2.ᵉ rang se porte en arrière; les serre-files se placent à 2 pas du 2.ᵉ rang et sont alignés par l'adjudant-major, entre le 1.ᵉʳ et le dernier, lequel élève son arme, la crosse en l'air.

EXPLICATIONS.	COMMANDEMENTS	
	du chef de bataillon.	des chefs de peloton et de division.
Le chef de bataillon voyant les rangs alignés commande..............	4. Fixe.	
L'adjudant-major et l'adjud. prennent leurs places de bataille.		

2.° Serrer les rangs.

1. *Serrez vos rangs.*
2. Marche.

Le deuxième rang, ainsi que les serre-files, serrent et reprennent la place qu'ils occupaient avant d'ouvrir les rangs.

EXPLICATIONS.	COMMANDEMENTS	
	du chef de bataillon.	des chefs de peloton et de division.

3.° Maniement des armes et charge à volonté.

Présenter les armes............ PORTEZ LES ARMES.
Reposer sur les armes.......... PORTEZ LES ARMES.
L'arme au bras................. PORTEZ LES ARMES.
Croiser la baïonnette.......... PORTEZ LES ARMES.

Les officiers et sous-officiers placés dans le rang restent face en tête pendant le maniement des armes.

1. *Charge à volonté.* 2. *Chargez* =	VOS ARMES.

Les officiers et les sous-officiers placés dans le rang, font un *demi-à-droite* au premier temps de la charge et reviennent face en tête au moment où le soldat placé à côté d'eux passe l'arme à gauche.

EXPLICATIONS.	COMMANDEMENTS	
	du chef de bataillon.	des chefs de peloton et de division.

4.° Les divers feux.

Par le 1.er rang.

Les chefs de peloton se portent à 4 pas en arrière et vis-à-vis le centre de leur peloton : les remplacements reculent sur l'alignement des serre-files. Le drapeau et sa garde reculent de manière que le 1.er rang soit sur l'alignement du 2.e rang du bataillon..................	1. *Feu de peloton.*	
Les chefs des 1.er, 3.e, 5.e et 7.e pelotons commandent..................	2. *Commencez le feu.*	1. tel *Peloton.* 2. ARMES. 3. JOUE. 4. FEU. 5. CHARGEZ.
Le chef du 3.e peloton ne commence son feu qu'après avoir entendu celui du 1.er ; le 5.e qu'après le 3.e, et ainsi de suite, pour le 1.er feu seulement.		

Dès que les chefs des pelotons pairs voient quelques armes portées dans les pelotons qui forment division avec eux, ils font à leur tour les mêmes commandements sans se régler les uns sur les autres.

EXPLICATIONS.	COMMANDEMENTS	
	du chef de bataillon.	des chefs de peloton et de division.

Les chefs des pelotons impairs, voyant quelques armes portées dans les pelotons pairs, recommencent leur feu, et ainsi de suite alternativement.

Pour faire cesser le feu, le chef de bataillon fait battre un roulement, et donner un coup de baguette pour faire rentrer les chefs de peloton à leurs places de bataille, ainsi que le remplacement et le drapeau.

| Les chefs de peloton, les remplacements, le drapeau et sa garde, prennent les places indiquées à la p. 10, 1.er alin. | 1. *Feu de de-mi-batail-lon.*

2. *Demi - ba-taillou de droite.*
3. Armes.
4. Joue.
5. Feu.
6. Chargez. |

Dès que le chef de bataillon voit quelques armes portées dans le demi-bataillon de droite, il fait les mêmes commandements pour le demi-bataillon de gauche, et ainsi de suite alternativement.

Si le chef de bataillon voulait faire exécuter des feux obliques, il ajouterait le commandement d'obli-que à droite (ou à gauche), entre ceux d'Armes et de Joue.

Les feux cessent de la manière indiquée ci-dessus.

EXPLICATIONS.	COMMANDEMENTS	
	du chef de bataillon.	des chefs de peloton et de division.
Les chefs de peloton, les remplacements, le drapeau et sa garde prennent les places indiquées p. 10.	1. *Feu de bataillon.* 2. *Bataillon.* 3. Armes. 4. Joue. 5. Feu. 6. Chargez.	

Si le chef de bataillon voulait faire exécuter des feux obliques, il se conformerait, pour les commandements, à ce qui est prescrit à la page 11.

Pour faire exécuter un second feu, l'on doit attendre que toutes les armes soient chargées.

Comme tous les autres feux, celui de bataillon cesse par un roulement; les chefs de peloton, les remplacements, le drapeau et sa garde reprennent leurs places au coup de baguette qui suit le roulement.

EXPLICATIONS.	COMMANDEMENTS	
	du chef de bataillon.	des chefs de peloton et de division.
	1. *Feu de deux rangs.*	
Les chefs de peloton, les remplacements, le drapeau et sa garde prennent la place qui leur est indiquée page 10........	2. *Bataillon.* 3. Armes.	
	4. *Commencez le feu.*	
Les deux rangs restent debout,		
Le feu commence par la droite de chaque peloton.		

Le feu de deux rangs est toujours direct.

Pour le faire cesser, le chef de bataillon fait battre un roulement, suivi d'un coup de baguette pour faire rentrer les chefs de peloton, les remplacements, le drapeau et sa garde à leur place de bataille.

EXPLICATIONS.	COMMANDEMENTS	
	du chef de bataillon.	des chefs de peloton et de division.

Feux par le 2.e rang.

Les chefs de peloton sortent de leur créneau, et se placent en avant du 1.er homme du 1.er rang ; les remplacemens et les serre-files traversent par le créneau de leur chef de peloton et se placent : les remplacemens, à 1 pas en arrière du chef de peloton, et tous les autres à 2 pas en arrière du 1.er rang, en passant derrière le remplacement. Le drapeau passe au 2.e rang, les deux sous-officiers d'encadrement changent de place. L'adjudant-major passe par la droite, l'adjudant et les tambours passent par la gauche et se placent à leurs places de bataille derrière le 1.er rang.	1. *Face par le 2.e rang.*	
	2. *Bataillon.* 3. *Demi-tour* *à droite.*	

Les chefs de peloton se portent au 3.e rang devenu 1.er, et les remplacemens au 1.er devenu 2.^e

Les feux s'exécutent par le 2.e rang comme p. le 1.er

EXPLICATIONS.	COMMANDEMENTS du chef de bataillon.	des chefs de peloton et de division.

Les pelotons, demi-bataillons et bataillons conservent leur numéro.

Dans le feu de deux rangs, le feu commence par la gauche des pelotons devenue droite.

Les chefs de peloton, les remplacements, le drapeau et sa garde prennent les places indiquées dans les feux par le 1.er rang.

Pour remettre le bataillon face par le 1.er rang, le chef de bataillon commande. — 1. *Face par le 1.er rang.*

Les chefs de peloton, les remplacements, les serre-files, les sous-officiers d'encadrement, le drapeau, l'adjudant-major, l'adjudant et les tambours exécutent tout ce qui a été expliqué dans les 3 premiers alinéas de la page 14....... — 2. *Bataillon.* 3. *Demi-tour* = à DROITE.

Les chefs de peloton et les remplacements reprennent leurs places de bataille aux 1.er et 2.e rangs.

EXPLICATIONS.	COMMANDEMENTS	
	du chef de bataillon.	des chefs de peloton et de division.

2.ᵉ LEÇON.

1.° Rompre par peloton à droite ou à gauche.

EXPLICATIONS.	du chef de bataillon.	des chefs de peloton et de division.
Les chefs de peloton se portent à 2 pas devant le centre de leur peloton, et les préviennent qu'ils doivent converser à droite. Les remplacements se portent au 1.ᵉʳ rang.....	1. *Par peloton à droite.* 2. MARCHE.	
Les guides de gauche se portent à la gauche de leur peloton aussitôt que le mouvement commence Lorsque l'aile marchante de chaque peloton arrive à 3 pas de la perpendiculaire, le chef de peloton commande.		1. tel *Peloton.* 2. HALTE.
Le remplacement se place à la droite du 1.ᵉʳ homme du 1.ᵉʳ rang. Le guide de gauche étant établi sur l'alignement, le chef de peloton recule à 2 pas sur le flanc, et commande. .... et il se porte à 2 pas devant le centre de son peloton.		3. *A gauche =* ALIGNEMENT. 4 FIXE.

L'adjudant-major *A* se porte à hauteur du 1.er peloton du côté de la direction ; l'adjudant *B*, à hauteur du dernier ; le chef de bataillon *C*, sur le flanc, du côté de la direction.

Ce mouvement, la gauche en tête, s'exécuterait par les commandements et moyens inverses.

Pour rompre par division, il faut substituer la dénomination de *division* à celle de peloton ; dans ce cas, le chef de peloton le moins ancien se porte dans le créneau, au centre de la division, au moment où le chef de cette division se porte à deux pas devant le centre.

Si l'on voulait rompre par la droite pour marcher vers la gauche, il faudrait énoncer ce commandement avant celui de *peloton à droite*, le premier peloton marche deux fois l'étendue de son front en avant, au lieu de converser à droite comme les autres.

L'adjudant-major place ensuite deux jalonneurs, l'un contre le guide de gauche du 1.er peloton, et l'autre contre celui du 2.e, pour les deux changements de direction qui ont lieu aussitôt la Marche. Ces jalonneurs doivent être placés de manière à présenter l'épaule droite aux guides de gauche.

EXPLICATIONS.	COMMANDEMENTS	
	du chef de bataillon.	des chefs de peloton et de division.
Lorsque le chef de bataillon voudra porter la colonne en avant sans l'arrêter, il en préviendra le bataillon et commandera................	1. *Peloton à droite.* 2. Marche..	
Au 1er commandement les chefs de peloton exécuteront ce qui est prescrit page 16. Les pivots converseront sur place et lorsque les pelotons arriveront sur la perpendiculaire le chef de bataillon commandera.....................	3. *En avant.* 4. Marche. 5. *Guide à gauche (ou à droite).*	
La colonne marchera alors en avant. L'adjudant-major et les guides observant tout ce qui est prescrit pour la marche en colonne. Ce mouvement, la gauche en tête, s'exécuterait par les commandements et moyens inverses. Si le bataillon était déjà en marche en bataille, et que l'on voulût le mettre en colonne pour marcher immédiatement dans une direction perpendiculaire, le chef de bataillon ferait absolument les commandements du mouvement qui précède, et au moment où chaque peloton arriverait sur la perpendiculaire, il commanderait..............	3. *En avant.* 4. Marche. 5. *Guide à droite (ou à gauche).*	
Et aussitôt l'adjudant-major et les guides se conformeraient à tout ce qui est prescrit pour la marche en colonnes, page 19.		

EXPLICATIONS.	COMMANDEMENTS	
	du chef de bataillon.	des chefs de peloton et de division.
2.° Marcher en colonne à distance entière.		
Le chef de bat. indique au 1.er guide un point éloigné sur lequel il puisse se diriger en prenant des points à terre, et commande.....	1. *Colonne en avant.* 2. *Guide à gauche (ou à droite).* 3. *Pas ord.re*	
Ce dernier commandement est vivement répété.		
Le 1.er guide est le seul chargé de la direction, les autres doivent marcher dans les traces de celui qui les précède, conserver leur distance et la cadence du pas.	4. Marche.	Marche.
Si le chef de bataillon veut faire changer de direction, il place un jalonneur *A* au point où il veut que ce mouvement s'exécute, et commande....	*Tête de colonne à droite (ou à gauche)*	
Lorsque chaque peloton arrive à 4 pas du jalonneur, son chef commande	....	1. *Tourner à droite (ou à gauche),* ou bien, *à droite (ou à gauche)* conversion.
et lorsque le guide rase la poitrine du jalonneur...	....	2. Marche.

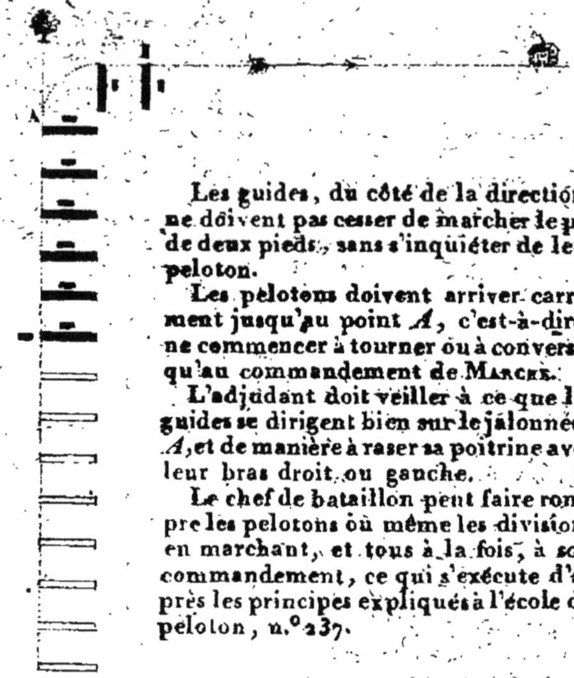

Les guides, du côté de la direction, ne doivent pas cesser de marcher le pas de deux pieds, sans s'inquiéter de leur peloton.

Les pelotons doivent arriver carrément jusqu'au point A, c'est-à-dire, ne commencer à tourner ou à converser qu'au commandement de MARCHE.

L'adjudant doit veiller à ce que les guides se dirigent bien sur le jalonneur A, et de manière à raser sa poitrine avec leur bras droit ou gauche.

Le chef de bataillon peut faire rompre les pelotons ou même les divisions en marchant, et tous à la fois, à son commandement, ce qui s'exécute d'après les principes expliqués à l'école de peloton, n.° 237.

L'on pourra faire exécuter à la colonne les demi-tour à droite en marchant, pour cela le chef de bataillon commandera:

1. *Bataillon demi-tour à droite.*

2. MARCHE. — 3. *Guide à droite (ou à gauche).*

Au 2e commandement les pelotons exécuteront le demi-tour à droite et continueront à marcher en arrière. Les chefs de subdivision resteront derrière le 1er rang, les serre-files en avant du 2e et les guides à hauteur de ce rang.

L'adjudant-major reste à hauteur de la 1re subdivis. L'adjudant donnera un point de direction au guide de la queue devenue tête, et restera à sa hauteur.

EXPLICATIONS.	COMMANDEMENTS	
	du chef de bataillon.	des chefs de peloton et de division.

3.° Arrêter la colonne et la former à gauche ou à droite en bataille.

	1. *Colonne.*	
La colonne s'arrête et aucun guide ne bouge; les soldats portent l'arme.	2. HALTE.	HALTE.
Si la position des guides n'est que légèrement défectueuse, le chef de bataillon la rectifie; dans le cas contraire, il fait placer les 2 premiers guides sur une direction nouvelle, et commande..........	3. *Guides à vos chefs de file.*	
et ensuite.............	4. *A gauche (ou à droite)* $=$ ALIGNEM.	
Les chefs de peloton se portent à 2 pas en dehors de leur guide, alignent leur pelot., commandent et se reportent devant le centre.	....	FIXE.
Si la colonne a la droite en tête, le chef de bataillon commande.........	1. *A gauche en bataille.*	
	2. MARCHE.	

EXPLICATIONS.	COMMANDEMENTS	
	du chef de bataillon.	des chefs de peloton et de division.
Le remplacement du 1.er peloton se porte, dès le 1.er commandement, face et sur la direction des autres guides, à distance de peloton. Lorsque l'aile marchante de chaque peloton est arrivée à 3 pas de la ligne de bataille, son chef commande....................	....	1. tel *Peloton*. 2. HALTE.
Après quoi, il se place de sa personne à côté du dernier homme du 1.er rang du peloton précédent, et ajoute...........	....	3. *A droite* = ALIGNEMENT. 4. FIXE.
Le chef de bataillon commande ensuite.	4. *Guides* = A VOS PLACES.	

Ce mouvement, la gauche en tête, s'exécuterait par les commandements inverses; dans ce cas, les chefs de peloton se porteraient à la droite au commandement de *Guides* = A VOS PLACES.

Si la colonne était par division, la droite en tête, les guides porteraient la crosse en l'air au 1.er commandement. Les guides de gauche des pelotons impairs jalonneraient au commandement de HALTE, fait à leur division, et face à droite. Si la gauche était en tête, les remplacements sortiraient de même pour jalonner, face à gauche.

EXPLICATIONS.	COMMANDEMENTS	
	du chef de bataillon.	des chefs de peloton et de division.

La colonne en marche peut être formée en bataille sans être préalablement arrêtée, par les mêmes moyens et commandements.

Au commandement de *marche*, les guides s'arrêtent court et l'adjudant-major rectifie promptement leur position.

Si le chef de bataillon voulait porter immédiatement sa ligne en avant il commanderait, au moment où les pelotons en conversant arrivent sur la ligne de bataille................

1. *En avant.*
2. MARCHE.
3. *Direction au centre.*

Au 2e commandement, tous les pelotons prennent la marche directe, au 3e le chef de bataillon, l'adjudant-major, l'adjudant, le porte-drapeau et sa garde, les guides généraux ainsi que les chefs de peloton, exécutent vivement tout ce qui est prescrit pour la marche en bataille, page 116.

EXPLICATIONS.	COMMANDEMENTS	
	du chef de bataillon.	des chefs de peloton et de division.
4.° La contre-marche.		
A distance entière ou à demi-distance, le chef de bataillon commande. . . .	1. *Contre-marche.*	
	2. *Bataillon* = À DROITE (OU À GAUCHE)	
Le bataillon fait à droite si la droite est en tête, et à gauche dans le cas contraire. Les deux guides de chaque peloton font demi-tour à droite.	3. *Par file à gauche* (ou à droite.)	
Chaque peloton exécute ce qui est prescrit à l'école de peloton, n.° 298.	4. MARCHE.	
Si la colonne était serrée en masse, le chef de bataillon commanderait.	1. *Contre-marche.*	
	2. *Bataillon* = À DROITE et À GAUCHE.	
Les pelotons ou les divisions impairs font à droite et les autres à gauche; tous les guides font demi-tour à droite.	3. *Par file à gauche et par file à droite.*	
	4. MARCHE.	

Tous les pelotons ou divisions sont conduits par leur chef à 2 pas en arrière des guides, arrêtés, mis de front et alignés à droite, si la gauche se trouve en tête, après le mouvement, et à gauche dans le cas contraire; dans l'un comme dans l'autre cas, les commandements du chef de bataillon ne changent pas, de même que ce sont toujours les pelotons ou divisions pairs qui font à gauche, et les autres à droite.

Les chefs de peloton ou de division qui se trouvent au côté opposé à celui où l'on doit aligner, s'y portent rapidement après avoir arrêté leur subdivision.

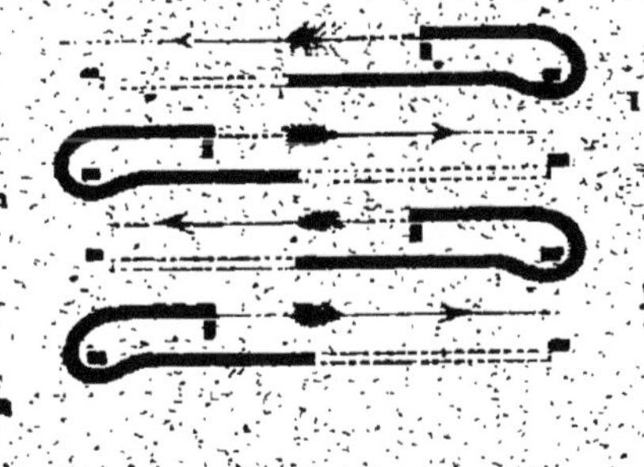

EXPLICATIONS.	COMMANDEMENTS	
	du chef de bataillon.	des chefs de peloton et de division.

5.° Formations à droite ou à gauche en bataille par inversion.

EXPLICATIONS.	du chef de bataillon.	des chefs de peloton et de division.
La colonne étant en marche et supposée la droite en tête, le chef de bataillon commande...		1. *Par inversion à droite en bataille.*
L'adjudant-major se porte en avant des guides de droite et rectifie promptement leur position, s'il y a lieu........		2. *Bataillon, guide à droite*
		3. MARCHE.

L'homme de droite de chaque peloton ou division fait son à-droite, les guides s'arrêtent et celui de gauche du 1.er peloton ou division se porte rapidement à distance, face aux autres guides et sur leur direction.

Les pelotons ou divisions sont arrêtés à 3 pas de la ligne de bataille, et alignés à gauche.

Lorsque la formation est achevée, le chef de bataillon fait rentrer les guides; les chefs des subdivisions se portent en même temps à la droite.

Ce mouvement, la gauche en tête, s'exécuterait d'après les mêmes principes et par les commandements inverses.

Si le bataillon formé en bataille, devait se porter immédiatement en avant, dans une direction perpendiculaire à celle de la colonne, et sans s'arrêter, ce mouvement s'exécuterait, comme il est dit page 24, en faisant précéder le commandement de *peloton à gauche* (ou *à droite*) de celui *par inversion*.

EXPLICATIONS.	COMMANDEMENTS	
	du chef de bataillon.	des chefs de peloton et de division.

3.ᵉ LEÇON.

1.º Rompre par peloton en arrière à droite ou à gauche.

EXPLICATIONS.	du chef de bataillon.	des chefs de peloton et de division.
Les chefs de peloton se portent devant le centre de leurs pelotons et les préviennent qu'ils doivent faire *à droite*; les remplacements passent au 1.ᵉʳ rang..............	1. *Pelotons en arrière à droite.*	
Le bataillon fait à droite, les chefs de peloton vont appuyer leur poitrine contre le bras gauche du dernier homme du 1.ᵉʳ rang du peloton qui les précède, et font déboîter leurs 3 premières files en arrière.........	2. *Bataillon* = A DROITE.	
Lorsque la dernière file de chaque peloton est près d'arriver à hauteur du chef de peloton, il commande.................	3. MARCHE...	
		1. tel *Peloton*
Les guides de gauche appuient leur bras gauche contre la poitrine des chefs de peloton, lesquels se retirent 2 pas en arrière et commandent........		2. HALTE. 3. FRONT.
et se portent à 2 pas devant le centre.		1. *A gauche* = ALIGNEM. 5. FIXE.

EXPLICATIONS.	COMMANDEMENTS	
	du chef de bataillon.	des chefs de peloton et de division.

Ce mouvement, la gauche en tête, s'exécuterait par les mêmes princip. et par les commandements inverses.

Si l'on voulait faire rompre par division, il suffirait de substituer dans le commandement le mot *division* à celui de *peloton*. Dans ce cas, le chef de peloton le moins ancien dans chaque division, marche à côté du remplacement du peloton pair, et se place dans le créneau lorsque la division fait front.

Lorsque l'on voudra faire exécuter ce mouvement, le bataillon étant en marche en bataille, le chef de bataillon commandera..

1. *Pelotons en arrière à droite.*
2. *Bataillon par le flanc droit.*
3. MARCHE.

Au 1er commandement les chefs de peloton se porteront au centre de leurs pelotons et les préviendront qu'ils devront faire par le flanc droit.

Au commandement de MARCHE, le bataillon fera à droite, et chaque peloton sans s'arrêter, déboîtera à droite et sera conduit par le sous-officier de remplacement, placé en avant du 1er homme de 1er rang.

Lorsque tous les pelotons seront entrés sur la perpendiculaire, le chef de bataillon commandera..

4. *Bataillon par le flanc gauche.*
5. MARCHE.
6. *Guide à gauche.*

EXPLICATIONS.	COMMANDEMENTS	
	du chef de bataillon.	des chefs de peloton et de division

Et chacun exécutera ce qui est prescrit pour la marche en colonne, page 19.

Ce mouvement, en arrière à gauche, s'exécuterait par les commandements et moyens inverses.

2° Colonne en route.

EXPLICATIONS.	COMMANDEMENTS	
La colonne étant de pied ferme, par peloton et la droite en tête, le chef de bataillon commande....	1. *Colonne en avant.* 2. *Guide à gauche.* 3. **Marche.**	**Marche.**

Le deuxième rang raccourcissant le pas jusqu'à ce qu'il y ait 72 c. (26 pouces) entre lui et le rang qui le précède; les 2 rangs prennent l'arme à volonté.

Si la colonne rencontre un défilé trop étroit pour le front d'un peloton, le chef de bataillon fait rompre tous les pelotons à la fois, à son commandement, ou bien il en donne l'ordre au chef du 1.er peloton, qui fait rompre le sien, et tous les autres viennent successivement rompre à la même place que le 1.er : ces mouvements ont lieu avant l'entrée dans le défilé.

EXPLICATIONS.	COMMANDEMENTS	
	du chef de bataillon.	des chefs de peloton et de division.

Dès que les pelotons sont rompus, les chefs de section se portent au 1.er rang, à la place de leur guide, qui recule au 2.e

Si le défilé se rétrécit encore, l'on rompt par demi-section, successivement et à la même place, si toutefois les sections sont de 10 files au moins : les 1.res demi-sections sont commandées par le chef de peloton et par celui de la 2.e section; les 2.es par le sous-lieutenant et par le sergent-major, et, à leur défaut, par les guides du peloton; les uns et les autres se placent au 1.er rang du côté de la direction.

Pour faire exécuter ce mouvement, chaque chef de section fait d'abord porter les armes, et serrer les rangs à 42 cen; dès que la section a rompu, son chef lui fait reprendre l'arme à volonté qui entraine la distance de 70 cent. entre chaque rang.

Lorsque le chef de bataillon veut faire **serrer les rangs,** il commande......................	1. *L'arme sur l'épaule* = DROITE.

Le deuxième rang serre à 42 centim. (15 pouces).

Si les sections étaient de moins de 10 files, l'on mettrait des files en arrière jusqu'à réduction de 7 de front, non compris le chef de section, et s'il fallait réduire encore le front, l'on ferait d'abord porter l'arme sur l'épaule droite, prendre le pas accéléré successivement et au commandement des chefs de section, afin que les hommes du deuxième rang, ainsi que les files rompues, serreraient (15 pouces) de distance, après quoi l'on pourrait réduire le front des sections à 5, non compris le chef.

Si, enfin, le défilé ne pouvait donner passage à 6 hommes de front, l'on ferait successivement prendre l'arme au bras, et marcher par le flanc.

Au fur et à mesure que le défilé s'élargit, l'on fait former en ligne les sections ou bien les demi-sections, et en même temps l'on fait reprendre l'arme à volonté.

Le terrain s'élargissant encore, l'on fait former les pelotons.

La première subdivision suit les sinuosités du défilé, les autres passent partout où elle a passé, sans s'occuper de la direction.

Les soldats ne cherchent pas à éviter les mauvais chemins; ils marchent, autant que possible, droit devant eux.

Les changements de direction s'exécutent à l'avertissement du chef de chaque subdivision, sans autre commandement.

On ne doit mettre des files en arrière que du côté du guide.

EXPLICATIONS.	COMMANDEMENTS	
	du chef de bataillon.	des chefs de peloton et de division.

3.° Former la colonne en avant et face en arrière en bataille.

Le 1er de ces mouvements s'exécute lorsque la colonne arrive par derrière la droite de la ligne de bat

Le chef de bataillon ayant indiqué à l'adjudant-major le point où il faut établir la droite du bataillon, celui-ci se détache avec deux jalonneurs *A* et *B* et les établit face à droite sur la ligne, à distance de peloton l'un de l'autre. La colonne, supposée la droite en tête, étant arrivée vis-à-vis et à distance de peloton des jalonneurs, est arrêtée, après quoi le chef de bataillon commande..............

	1. *En avant en bataille.*

Le chef du 1.er peloton commande aussitôt......

	1. *Peloton en avant.*
	2. *Guide à droite.*
	3. **Marche.**

Ce peloton est arrêté à 3 pas de la ligne de bataille et aligné à droite contre les 2 jalonneurs..

2. *Pelotons demi-à-gauche.*
3. **Marche.**

Tous les chefs de peloton se portent à 2 pas devant le centre de leur peloton.

Lorsque les pelotons ont assez conversé......

4. *En avant.*
5. **Marche.**
6. *Guide à droite.*

EXPLICATIONS.	COMMANDEMENTS	
	du chef de bataillon.	des chefs de peloton et de division.

Les guides suivent exactement la file derrière laquelle ils se trouvent au commandement de MARCHE, jusqu'au moment où cette file change de direction.

La droite de chaque peloton étant près d'arriver à hauteur de la gauche du peloton précédent, le chef de peloton commande..		1. *Tournez à droite.* 2. MARCHE.
et lorsque chaque peloton arrive à trois pas de la ligne de bataille.....		3. tel *Peloton.* 4. HALTE.
Le guide de gauche sort, pour jalonner, face à droite, et, dès qu'il est établi sur la ligne, le chef de peloton se place à la gauche du dernier homme du 1.er rang du peloton précédent, et ajoute.		5. *A droite* = ALIGNEMENT. 6. FIXE.
La formation étant achevée, le chef de bataillon commande.....	7. *Guides* = A VOS PLACES,	

B.

3.

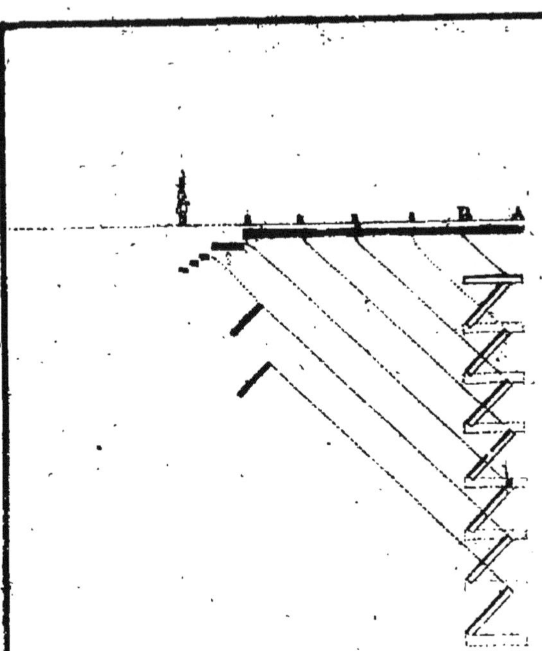

Ce mouvement, la gauche en tête, s'exécute d'après
les mêmes principes et par les commandements inverses.

Plus l'angle que forme la ligne de bataille avec la
colonne est aigu, et plus les pelotons doivent tourner,
si, au contraire, il était beaucoup plus ouvert que
l'angle droit, on se formerait sur la gauche ou sur la
droite en bataille de préférence.

Ce mouvement en marchant s'exécute absolument
de la même manière et par les mêmes commandements,
seulement au 1er le chef du 1er peloton commande
Guide à droite, et va l'établir, sans l'arrêter, contre
les deux jalonneurs placés à l'avance.

EXPLICATIONS.	COMMANDEMENTS	
	du chef de bataillon.	des chefs de peloton et de division.
Les dispositions expliquées dans le 2.e alinéa de la page 32 ayant été exécutées, le chef de bataillon commande............	1. *Face en arrière en bataille.*	
Tous les chefs de peloton se portent au centre; celui du 1.er peloton commande aussitôt.........		1. *Peloton par le flanc droit.* 2. A DROITE. 3. *Par file à gauche.* 4. MARCHE.
et conduit son peloton à 3 pas en arrière des jalonneurs; après quoi il commande...........		4. 5. *Peloton.* 6. HALTE. 7. FRONT. 8. *A droite* = ALIGNEMENT.
Le 1.er peloton étant établi contre les jalonneurs, le chef de bataillon commande........	2. *Bataillon* = A DROITE.	
Tous les chefs de pelotons se portent à côté de leur sous-officier de remplacement...........	3. MARCHE.	

Les pelotons, conduits par leurs chefs, se dirigent diagonalement vers l'endroit où ils doivent couper la ligne de bataille; ce qui leur est indiqué par les guides de gauche; qui se détachent à 12 ou 15 pas à l'avance, pour jalonner face à droite.

Chaque peloton dépasse la ligne de bataille de 3 pas,

EXPLICATIONS.	COMMANDEMENTS	
	du chef de bataillon.	des chefs de peloton et de division.
converse par file à gauche, et, dès qu'il est arrivé vis-à-vis de l'emplacement qu'il doit y occuper, son chef commande	....	1. tel *Peloton*.
		2. HALTE.
Après quoi il se place à la gauche du dernier homme du peloton précédent ; et ajoute.........	....	3. FRONT.
		4. *A droite* = ALIGNEMENT.
		5. FIXE.

Lorsque la formation est achevée, le chef de bataillon fait rentrer les guides.

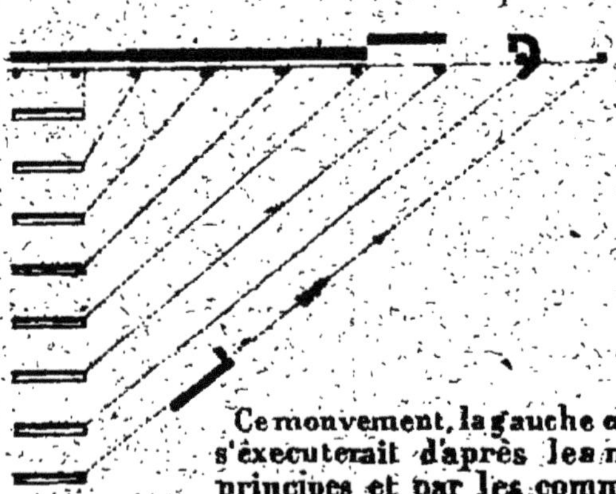

Ce mouvement, la gauche en tête, s'exécuterait d'après les mêmes principes et par les commande- ments inverses. Il peut aussi s'exécuter la colonne étant en marche et sans l'arrêter : les dispositions sont les mêmes ainsi que les commandements.

EXPLICATIONS.	COMMANDEMENTS	
	du chef de bataillon.	des chefs de peloton et de division.

4.° Former la colonne sur la droite ou sur la gauche en bataille.

La colonne ayant la droite en tête, et les dispositions indiquées au 1.er alinéa de la page 32 ayant été exécutées, le chef de bataillon commande :

EXPLICATIONS.	COMMANDEMENTS du chef de bataillon.	des chefs de peloton et de division.
	1. *Sur la droite en bataille.* 2. *Bataillon Guide à droite.*	
Lorsque le 1.er peloton arrive à hauteur du jalonneur *A*, son chef commande........		1. *Tournez à droite.*
et lorsque le peloton arrive à 3 pas de la ligne de bataille............		2. MARCHE. 3. 1.er *Peloton.*
Le chef de ce peloton se place un peu en avant du jalonneur *A*, sur l'alignement, et ajoute......		4. HALTE. 5. *A droite* = ALIGNEMENT. 6. FIXE.

Tous les autres pelotons exécutent le même mouvement, aux mêmes commandements, au fur et à mesure qu'ils arrivent à hauteur de la gauche du peloton qui les précède immédiatement.

Dès que la formation est achevée, le chef de bataillon fait rentrer les guides.

L'adjudant-major veille à l'établissement du guide de gauche de chaque peloton, en se plaçant successivement en arrière d'eux, lorsqu'ils arrivent pour jalonner.

Les premiers jalonneurs doivent être placés de manière à ce que les guides, après avoir tourné à droite, aient au moins 10 pas à faire pour arriver sur la ligne.

Ce mouvement, la gauche en tête, s'exécute d'après les mêmes principes et par les commandements inverses.

Dans toutes les formations successives, les guides ne sortent pour jalonner qu'au commandement de HALTE fait à leur peloton, à 3 pas de la ligne de bataille.

Le feu de deux rangs, dans ces formations, s'exécute de la manière suivante :

Aussitôt que le chef du 1.er peloton a entendu le commandement de Fixe de celui du 2.e, il se porte à 4 pas en arrière du centre de son peloton, et commande le feu de deux rangs; le 1.er jalonneur se retire, et le second recule vis-à-vis la droite du 2.e peloton. Dès que le chef du 2.e peloton entend le commandement de Fixe de celui du 3.e, il fait également exécuter le feu de deux rangs; le 2.e jalonneur se retire, et le guide de gauche recule vis-à-vis la droite du 3.e peloton, et ainsi de suite.

EXPLICATIONS.	COMMANDEMENTS	
	du chef de bataillon.	des chefs de peloton et de division.
5.° Marcher par le flanc et former les pelotons et les sections en marchant.		
	1. *Bataillon, par le flanc droit.*	
Les chefs de peloton se placent en dehors, à côté de leur s.-officier de rempl., qui passe au 1.er rang.	2. A DROITE.	
Le sergent et le caporal d'encadrement se placent comme les chefs de peloton et les remplacements.	3. *Bataillon, en avant.* 4. MARCHE.	
L'adjudant-major se place à 6 pas de la tête du côté du 1.er rang; l'adjud. à pareille distance, à hauteur du drapeau.		
Si le bat.on faisait à gauche, les chefs de peloton se porteraient à la gauche de leur peloton; celui du 8.e, à côté du sous-officier d'encadrement; le capor. rentrerait en serre-file.		
Pour faire converser par file, le chef de bataillon commande.	1. *Par file à droite (ou à gauche)* 2. MARCHE.	

EXPLICATIONS.	COMMANDEMENTS	
	du chef de bataillon.	des chefs de peloton et de division.
S'il veut faire former les pelotons en ligne, il commande.................	1 *Pelotons en ligne.* 2. MARCHE.	
Les guides continuent à marcher droit devant eux, chaque peloton se forme en ligne, et, dès qu'il est formé, le chef de peloton commande..		*Guide à gauche (on à droite).*

Si l'on faisait former par sections en ligne, il suffirait de substituer le mot *sections* à celui *pelotons.* Dans ce cas, chaque section n'ayant qu'un guide, il se porte légèrement au côté qu'indique le chef de section, s'il n'y est déjà.

Si l'on marche par le flanc droit, les chefs des 2.e sections passent par l'ouverture qui se forme au centre du peloton; dans le cas contraire, ils passent par la gauche.

Le chef de bataillon, voulant arrêter le bataillon marchant par le flanc, commande......	1. *Bataillon.* 2. HALTE. 3. FRONT.	

Au dernier commandement, les chefs de peloton, les remplacements, le sous-officier et le caporal d'encadrement, reprennent leurs places de bataille, même dans le cas où le bataillon marcherait par le flanc gauche.

6.° Colonne arrivant par devant ou par derrière la ligne de bataille.

La colonne, à distance entière et la droite en tête, arrivant par devant la ligne de bataille, le chef de bataillon fait placer un jalonneur *A* au point où elle doit la traverser, et un autre *B* à 4 pas au-delà, au point où elle doit changer de direction, pour se prolonger sur cette ligne. Le 1.ᵉʳ guide de gauche se dirige sur ces 2 jalonneurs, et, dès que le 1.ᵉʳ peloton est à 2 pas du jalonneur *B*, son chef fait les commandements nécessaires pour le faire changer de direction à gauche.

En même temps que le 1.ᵉʳ peloton tourne à gauche, le guide général de droite se place sur la ligne de bataille, à hauteur du 1.ᵉʳ peloton, et marche sur les points qui lui sont indiqués par l'adjudant-major.

Lorsque le 4.ᵉ peloton change de direction, le drapeau sort et marche à hauteur de son peloton, sur les mêmes points que le guide général de droite.

Enfin, lorsque le 8.ᵉ peloton change de direction, le guide général de gauche sort également, et marche sur la direction de celui de droite et du porte-drapeau, à hauteur de ce peloton.

Les guides de la colonne ont l'attention de se maintenir constamment à 4 pas en dehors des guides généraux et du porte-drapeau.

Si le chef de bataillon veut former la colonne en bataille, après l'avoir prolongée sur la ligne, il fait sortir les guides, qui tous font face à la tête de la colonne, et fait aligner les pelotons; après quoi le chef de bataillon et les chefs de peloton se conforment à ce qui est expliqué pages 21 et 22, pour la formation en bataille.

Si la colonne avait la gauche en tête, le mouvement s'exécuterait par les commandements et moyens inverses.

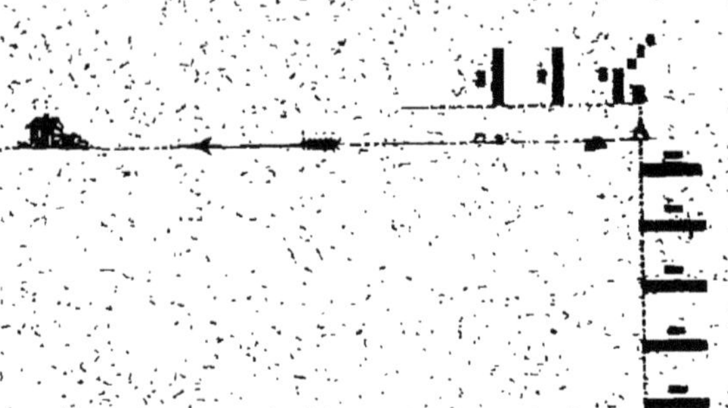

L'adjudant-major et l'adjudant veillent à ce que les guides généraux marchent correctement sur la direction des deux points donnés en avant. A cet effet, ils se placent quelquefois en arrière du porte-drapeau et du guide général de gauche, pour s'en assurer et rectifier leur marche, s'il y a lieu.

Lorsqu'on fait sortir les guides pour former la colonne à droite ou à gauche en bataille, ceux des 1.er, 4.e et 8.e ne sortent pas, attendu que le drapeau et les deux guides généraux les remplacent.

Si la colonne, la droite en tête, arrivait par derrière la ligne de bataille, le chef de bataillon ferait
placer 2 jalonneurs A et B; le premier sur la ligne de
bataille, et le second au point où les pelotons de-
vraient changer de direction, et de manière que les
guides, après le changement de direction, se trouvent
à 4 pas au moins en arrière de la ligne de bataille.

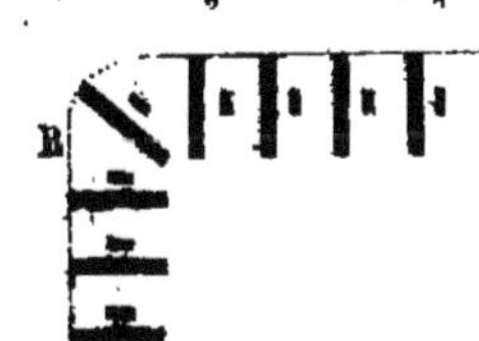

A l'instant où le 1.er peloton, après avoir conversé,
s'est prolongé parallèlement à la ligne de bataille, le
guide général de droite s'est porté sur cette ligne, à
hauteur de son peloton. Le drapeau et le guide général de gauche exécutent absolument la même chose
à leur tour. Tout le reste s'exécute comme dans le
mouvement précédent.

Si la colonne avait la gauche en tête, on emploie-
rait les commandements et moyens inverses.

EXPLICATIONS.	COMMANDEMENTS	
	du chef de bataillon.	des chefs de peloton et de division.

7.° Changements de front.

Perpendiculaire en avant sur le 1.er peloton.

EXPLICATIONS.	du chef de bataillon.	des chefs de peloton et de division.
Le chef de bataillon place 2 jalonneurs, *A* et *B*, sur la direction qu'il veut donner à la ligne de bataille, et ordonne au chef du 1.er peloton de l'établir contre ces 2 jalonn.rs; celui-ci commande aussitôt.		1. *Peloton à droite.* 2. MARCHE.
Et lorsque l'aile marchante arrive à 3 pas des jalonneurs.		3. 1.er *Peloton.* 4. HALTE. 5. *A droite =* ALIGNEMENT.
Ces dispositions étant faites, le chef de bataillon commande.	1. *Changem. de front en avant sur le 1.er peloton.*	
Tous les chefs de peloton se portent devant le centre de leur peloton. Les remplacemeuts avancent au 1.er rang.	2. *Par peloton demi à droite.* 3. MARCHE.	
Les pelotons conversent à droite, à pivot fixe. Les guides de gauche se portent à la gauche dès qu'ils peuvent passer.		

EXPLICATIONS.	COMMANDEMENTS	
	du chef de bataillon.	des chefs de peloton et de division.
Dès que les pelotons ont assez conversé, le chef de bataillon commande....	4. *En avant.* 5. MARCHEZ. 6. *Guide à droite.*	
Les guides suivent la file du peloton précédent qui se trouve vis-à-vis d'eux.		
Lorsque la droite de chaque peloton est près d'arriver à hauteur de la gauche de celui qui le précède sur la ligne, son chef commande........		1. *Tournez à droite.* 2. MARCHE.
Et lorsque chaque peloton arrive à 3 pas de la ligne de bataille........		3. tel *Peloton.* 4. HALTE.
Le guide de gauche sert pour jalonner face à droite............		4. *A droite =* ALIGNEMENT. 6. FIXE.
La formation achevée, le chef de bataillon commande............	*Guides =* A VOS PLACES.	

(Voir la figure ci-contre.)

Le changement de front en avant, sur le 8.e peloton, s'exécuterait d'après les mêmes principes et par les moyens inverses.

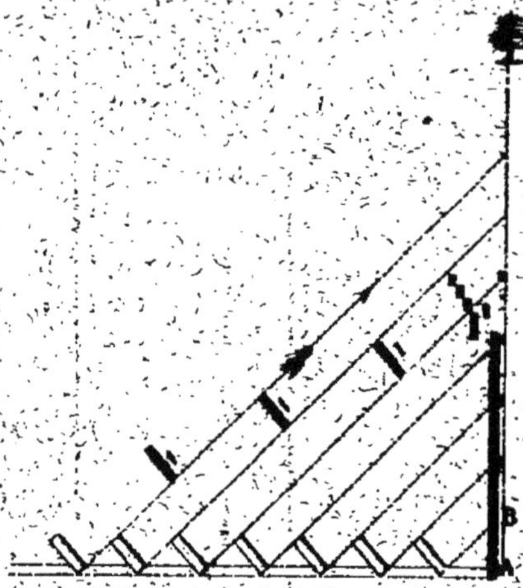

EXPLICATIONS.	COMMANDEMENTS	
	du chef de bataillon.	des chefs de peloton et de division.

Perpendiculaire en arrière sur le 1.er peloton.

Le chef de bataillon donne l'ordre au chef du 1.er peloton de faire porter l'aile gauche de son peloton perpendiculairement en arrière, celui-ci commande aussitôt..................................

1. *Peloton.*
2. *Demi-tour* = À DROITE.
3. *Par peloton à gauche.*
4. MARCHE.

Le peloton converse à

EXPLICATIONS.	COMMANDEMENTS du chef de bataillon.	des chefs de peloton et de division.
pivot fixe, et lorsqu'il a exécuté un demi-quart de con-version, son chef ajoute.		5. 1.er *Peloton.* 6. HALTE. 7. *Peloton.* 8. *Demi-tour* ══ A DROITE.
Le chef de bataillon fait alors établir 2 jalon-neurs, *A* et *B*, contre les-quels le peloton est aussi-tôt aligné à droite par son chef; ensuite le chef de bataillon commande.	1. *Changem.* *de front en* *arrière sur* *le* 1.er *pelot.* 2. *Bataillon.* 3. *Demi-tour* ══ A DROITE.	
Tous les chefs de pelo-ton, excepté le 1.er, se portent en arrière du 1.er rang, au centre de leur peloton.	4. *Pelotons* *demi à* *gauche.* 5. MARCHE.	
Les pelotons conver-sent à pivot fixe, et lors-qu'ils ont assez tourné. .	6. *En avant.* 7. MARCHE. 8. *Guide à* *gauche.*	
Chaque peloton arri-vant à hauteur de la gau-che de celui qui le pré-cède, son chef commande.		1. *Tournez à* *gauche.* 2. MARCHE.
Les pelotons coupent		

EXPLICATIONS.	COMMANDEMENTS	
	du chef de bataillon.	des chefs de peloton et de division.
la ligne de bataille, et, lorsque le 1.er rang l'a dépassée de 3 pas, chaque chef ajoute......		3. tel *Peloton*.
Les guides de gauche sortent pour jalonner face à droite................	....	4. HALTE.
		5. *Peloton*.
		6. *Demi-tour* ═ À DROITE.
La formation achevée, le chef de bataillon fait rentrer les guides.		7. *A droite* ═ ALIGNEMENT.
		8. FIXE.

Le changement de front en arrière sur le 8ᵉ peloton s'exécuterait d'après les mêmes principes et par les moyens inverses.

Les changements de front obliques s'exécutent également d'après les mêmes principes, seulement le chef de bataillon doit l'énoncer dans son premier commandement, en disant : *Changement de front oblique en avant* (ou *en arrière*) *sur le* 1ᵉʳ (ou *sur le* 8ᵉ) *peloton*.

Tous les changements de front, peuvent s'exécuter la ligne étant en marche et sans l'arrêter, les principes et les commandements sont les mêmes que de pied ferme ; c'est au chef de bataillon à faire placer deux jalonneurs assez tôt pour indiquer au chef du 1ᵉʳ peloton la direction et l'emplacement de son peloton sur la nouvelle ligne ; celui-ci le porte et l'aligne contre les deux jalonneurs et sans s'arrêter.

EXPLICATIONS.	COMMANDEMENTS	
	du chef de bataillon.	des chefs de peloton et de division.

8.° Marche de flanc, changements de direction par file, formations par file sur la
droite (*ou* sur la gauche) en bataille.

Les principes de la marche de flanc ont déjà été
expliqués page 39, ainsi que ceux des changements de
direction par file.

Le bataillon marchant par le flanc droit, le chef
de bataillon indique à l'adjudant-major le point où
doit appuyer sa droite; celui-ci place 2 jalonneurs, face
à droite, à distance de peloton l'un de l'autre, et à 6
pas au moins sur la droite du 2.ᵉ rang du bataillon.

Ensuite le chef de batail-lon commande.........	1.*Sur la droite par file en bataille.*	
Et lorsque la droite du 1.ᵉʳ peloton arrive à hauteur du 1.ᵉʳ jalonneur...	2.Marche.	
Cette formation s'exé-cute comme il a été expli-qué à l'école de peloton, n.° 138 de l'ordonnance et page 20 de cette école.		

Les guides de gauche ne se portent sur la ligne
qu'avec la dernière file du 1.ᵉʳ rang de leur peloton.

Lorsque la formation est achevée, on fait rentrer
les guides.

Si le bataillon marche par le flanc gauche, la formation a lieu d'après les mêmes principes et par les
moyens inverses.

B.   4.

EXPLICATIONS.	COMMANDEMENTS	
	du chef de bataillon.	des chefs de peloton et de division.

9.° Passer le défilé en retraite par l'aile droite ou par l'aile gauche.

Le bataillon marchant en bataille en retraite, étant arrivé vis-à-vis d'un défilé, et dans la supposition que ce défilé se trouve vis-à-vis l'aile gauche, est arrêté à 15 ou 20 pas avant d'y arriver, et remis face en tête, après quoi le chef de bataillon commande...... | *En arrière par l'aile droite, passez le défilé.* |

Le chef du 1.er peloton commande aussitôt...... | | 1. 1.er *Peloton par le flanc droit.*
2. A DROITE.
3. MARCHE.

Ce peloton, conduit par son chef, converse à droite, marche en arrière, jusqu'à ce qu'il ait dépassé de 4 pas les serre-files du bataillon, et converse de nouveau à droite.

Tous les pelotons font successivement la même chose; le 2.e commence son mouvement de manière à suivre immédiatement le 1.er, et ainsi de suite.

Si le défilé ne peut donner passage qu'à une section de front, le chef du 1.er peloton le fait former par sec-

tion en ligne à quelques pas de là, et le guide de la
1re section se dirige sur le point où il doit changer
de direction pour entrer dans le défilé; les autres pelotons exécutent successivement le même mouvement.

Au fur et à mesure que les 2 sections de chaque
peloton sortent du défilé, le chef de peloton fait former le peloton.

Le chef de bataillon peut faire reformer la ligne,
face au défilé, et, dans ce cas, la colonne change de
direction à gauche au point qu'il indique, et, lorsqu'elle est entièrement sur cette nouvelle direction,
il l'arrête, et la fait former à gauche en bataille, ou
bien, s'il veut placer le défilé vis-à-vis la droite, il
fait former la colonne face en arrière en bataille.

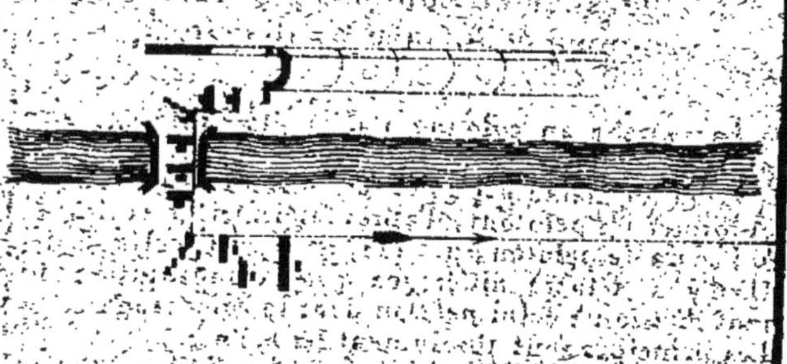

Si le défilé se trouvait en arrière de l'aile droite,
on le passerait par l'aile gauche d'après les mêmes
principes et par les moyens inverses.

Si le défilé ne permettait pas à une section d'y passer de front, on le passerait par le flanc, et l'on formerait les pelotons en ligne au fur et à mesure de leur
sortie.

4.ᵉ LEÇON.

1.° Rompre en arrière à droite ou à gauche par division.

Ce mouvement se trouve déjà expliqué à la page 27, pour rompre par peloton en arrière à droite ou à gauche. Il n'y a d'autre différence que la substitution du mot *division* à celui *peloton* dans les commandements.

2.° Marcher en colonne par division, rompre et former les divisions.

La marche en colonne a déjà été expliquée aux pages 19 et 20.

On a de même expliqué le mouvement de rompre et former les pelotons, d'après les principes expliqués à l'école de peloton, n.° 237, page 36 de cette École. Il n'y a d'autre différence que la substitution du mot *division* à celui *peloton* dans le commandement. Les principes sont absolument les mêmes.

Le chef de bataillon fait rompre les divisions toutes à la fois et à son commandement.

EXPLICATIONS.	COMMANDEMENTS du chef de bataillon.	des chefs de peloton et de division

3.° Serrer la colonne à demi-distance sur la division de la tête ou sur celle de la queue.

La colonne étant en marche par division, la droite en tête, le chef de bataillon commande, pour serrer sur celle de la tête.... 1. *A distance de peloton serrez la colonne.*

2. MARCHE.

Le chef de la 1.re division commande aussitôt.

1. 1.re *Divis.*
2. HALTE.
3. *A gauche*=
ALIGNEMENT.
4. FIXE.

Toutes les autres divisions sont de même arrêtées et alignées, lorsque leur guide arrive à distance de peloton de celui qui le précède.

Les guides doivent se placer correctement sur la direction.

L'adjudant-major se place en avant du 1.er peloton, et assure de là la position des autres au fur et à mesure qu'ils arrivent. L'adjudant marche à hauteur du dernier guide.

Si la colonne était de pied ferme, le mouvement s'exécuterait par les mêmes commandements.

EXPLICATIONS	COMMANDEMENTS du chef de bataillon.	des chefs de peloton et de division.
Si, au lieu de serrer sur la 1.re division, on voulait faire serrer sur la 4.e, il faudrait d'abord arrêter la colonne, si elle était en marche, puis commander :	1. *Sur la 4.e divis., à distance de peloton, serrez la colonne.*	
Les 3 premières divisions font demi-tour, et leurs guides restent au 1.er rang..................	2. *Bataillon.* 3. *Demi-tour* = A DROITE. 4. *Colonne en avant.* 5. *Guide à droite.*	
Les chefs des 3 premières divis. se portent à 2 pas en dehors de leur guide, du côté de la direction..	6. MARCHE.	
La 4.e divis. est alignée à gauche par son chef. Le guide de la 3.e divis. étant arrivé à distance de peloton de celui de la 4.e, son chef commande............		1. *3.e Divis.* 2. HALTE. 3. *Division.* 4. *Demi-tour* = A DROITE. 5. *A gauche* = ALIGNEMENT.
Le guide reste face en arrière.		
Le chef de la 3.e division se porte ensuite à 2 pas en avant du centre.		6. FIXE.

Les autres divisions font successivement comme la 3.e, et, lorsque le mouvement est achevé, le chef de bataillon fait faire demi-tour aux guides.

EXPLICATIONS.	COMMANDEMENTS	
	du chef de bataillon.	des chefs de peloton et de division.
Ce mouvement peut aussi s'exécuter la colonne étant en marche, et sans l'arrêter préalablement. Dans ce cas le chef de bataillon commanderait..........	1. *Sur le 8ᵉ peloton, à distance de section, formez la colonne.* 2. *Bataillon demi-tour à droite.* 3. *MARCHE.* 4. *Guide à droite.*	

Au 1ᵉʳ commandement le chef du 8ᵉ peloton, le préviendra qu'il restera face en tête; les autres chefs de peloton les préviendront qu'ils devront faire demi-tour.

Au commandement de MARCHE celui du 8ᵉ l'arrêtera et l'alignera à gauche. Les autres pelotons seront arrêtés lorsqu'ils auront leur distance, remis face en tête et alignés à gauche.

Tout le restant du mouvement s'exécute absolument comme dans le précédent. Si la colonne était formée par divisions, elle prendrait distance de peloton; ce qui serait énoncé dans le commandement. Les principes sont les mêmes.

56.

EXPLICATIONS.	COMMANDEMENTS	
	du chef de bataillon.	des chefs de peloton et de division.

4° Marcher en colonne à demi-distance et changer de direction.

Cette marche et ces changements de direction s'exécutent aux mêmes commandements et de la manière expliquée aux pages 19 et 20, avec cette seule différence, que, dans les changements de direction sur le côté opposé au guide, le pivot fait le pas de 33 centim. (un pied) au lieu de le faire de 22 centim. (8 pouces).

5° Dispositions contre la cavalerie.

Le bataillon étant en colonne par peloton, avec distance entière, et la droite en tête, le chef de bat.^{on} voulant le former en carré, commandera....	1. *Pour former le carré.* 2. *A distance de section serrez la colonne.* 3. MARCHE.	

Au commandem^t de MARCHE, le 1er peloton ne bouge pas, et son chef passe devant le centre après l'avoir aligné à gauche, les serre-files serrent à 33 cent.; le 2e peloton serre à 33 cent. des serre-files du 1er, est aligné à gauche et son chef passe derrière le centre.

EXPLICATIONS.	COMMANDEMENTS du chef de bataillon.	des chefs de peloton et de division.
Les 3e 4e 5e et 6e serrent à distance de section.		
Le 7e, devant former la réserve, serre à distance de masse sur le 6e et fait immédiatement doubler les demi-sections intérieures par celles extérieures et par les commandements suivants...........	....	1. *Sur le centre doublez les demi-sections.* 2. MARCHE.
Au 1er commandement les chefs des demi-sections se portent devant le centre. Un serre-file remplace le chef de peloton dans le commandement de la demi-section de la droite. Les demi-sections extérieures font à droite et à gauche, et au commandement de MARCHE elles sont conduites par leurs chefs, à trois pas en arrière des demi-sections intérieures, arrêtées et alignées à gauche. Les deux guides appuient		

EXPLICATIONS.	COMMANDEMENTS	
	du chef de bataillon.	des chefs de peloton et de division.

de suite aux demi-sections intérieures et deux serre-files passent aux flancs de celles extérieures.

Après l'alignement, les chefs des demi-sections se portent au 1er rang, au flanc extérieur, les guides reculent au 2e rang. Le chef de peloton se place au centre en avant.

Le 8e peloton serre à distance de section, sur le 6e, et aussitôt arrêté, les serre-files, en passant par les flancs, se portent à 2 pas en avant du 1er rang.

Lorsque le peloton du drapeau s'arrête, le porte-drapeau recule sur l'alignement des serre-files; il est remplacé au 1er rang par le caporal du 2e rang de sa file et celui-ci par le caporal qui est sur le rang des serre-files.

Lorsque le mouvement commence, l'adjudant se porte au flanc droit de la colonne, à hauteur du 1er peloton.

Dans le cas où, après cette formation, la colonne serait mise en marche, le 2e peloton se conformerait aux mouvements du 1er sans commandement. Le guide du peloton de réserve, marcherait dans la trace de la file qui se trouve devant lui, dans le peloton qui précède.

EXPLICATIONS,	COMMANDEMENTS	
	du chef de bataillon.	des chefs de peloton et de division.

Former le carré.

Le chef de bataillon commandera..............	1. *Formez le carré.*	
Au 1er commandem^t, l'adjudant-major et l'adjudant s'assureront que les guides de droite et de gauche sont bien encadrés entre le 1er et le dernier, en leur faisant face, l'adjudant-major à ceux de gauche et l'adjudant à ceux de droite, les deux guides du 8e peloton porteront l'arme vis-à-vis le milieu du corps, la crosse en l'air.	2. *A droite et à gauche en bataille.*	
Au 2e commandement, les chefs de section des 3e, 4e 5e et 6e pelotons se porteront devant le centre et les préviendront qu'elles devront se former en bataille.		
Le chef du 7e peloton commandera..............		1. *7e peloton en avant.*
Celui du 8e fera exactement les mêmes commandements en substituant 8e à 7e peloton, et se portera à 2 pas en dehors du flanc gauche de son peloton.		2. *Guide à gauche.*

EXPLICATIONS.	COMMANDEMENTS	
	du chef de bataillon.	des chefs de peloton et de division.
Ces dispositions étant faites, le chef de bataillon commandera.......	3. Marche,	3. Marche.
A ce commandement répété, les deux 1ers pelotons ne bougent pas; mais les deux files de droite et de gauche feront face en dehors.		
Les sections des 3e, 4e, 5e et 6e pelotons, se formeront en bataille.		
Les tambours marcheront en avant, l'étendue du front d'une section.		
Le 7e peloton se portera aussi en avant, la même étendue.		
Le 8e se portera en avant pour fermer le carré. Son chef lui fera faire demi-tour lorsqu'il aura serré et l'alignera par le 2e rang. Les guides resteront face en tête. Les serre-files serreront à un pas et les deux files de droite et de gauche feront face extérieurement.		
Le chef de bataillon commandera ensuite...	4. Guide à vos places.	

EXPLICATIONS.	COMMANDEMENTS	
	du chef de bataillon.	des chefs de peloton et de division.

À ce commandement, les chefs des 1er et 8e pelotons, ainsi que les guides du 8e, entreront dans le carré; le chef du 1er peloton à côté de celui du 2e.

Les guides des deux premiers pelotons dans l'intervalle de ces deux pelotons et sur l'alignement des files qui ont fait face en dehors. Ceux du 1er peloton au 1er rang, et ceux du 2e derrière eux.

Les chefs des sections qui se sont formées en bataille, resteront dans le créneau au 1er rang, et leur guide au 2e.

L'adjudant-major et l'adjudant derrière le 2e peloton, le premier à la gauche et le second à la droite.

Le chef de bataillon au centre du carré.

1re Face, 1er et 2e pelotons, commandée par le plus ancien des deux chefs.

2e Face, sections impaires, commandée par le plus élevé en grade ou le plus ancien.

3e Face, sections paires, commandée de même.

4e Face, le 8e peloton, commandé par son chef.

Les commandants de faces se placeront derrière le centre, à 4 pas en arrière du 2e rang, et seront remplacés par un chef de section ou de demi-section selon le cas.

EXPLICATIONS.	COMMANDEMENTS	
	du chef de bataillon.	des chefs de peloton et de division.
Si la colonne, au lieu d'être à distance entière, était à distance de section, le chef de bataillon commanderait.........	1. *Pour former le carré.* 2. *Colonne en avant.* 3. *Guide à gauche.* 4. Marche.	

Au commandement de MARCHE, le 1er peloton ne bouge pas, les serre-files serrent à 33 cent. Lorsque le 2e peloton arrive à la même distance de ces serre-files, le chef de bataillon arrête la colonne et l'aligne à gauche.

Les 7e et 8e pelotons continuent à marcher et exécutent ce qui est prescrit pour eux page 57.

Si la colonne était doublée par sections (v. p. 69) elle pourrait être formée en carré par les mêmes commandements et par des moyens analogues: ainsi la subdivision de la tête, formée par la 2e section du 4e peloton et la 1re du 5e, doublée par la 2e subdivision formée de la 1re section du 4e peloton et de la 2e du 5e formeraient la 1re face; la subdivision de la queue, la 4e face; les sections du demi-bataillon de droite la 3e, et celle du demi-bataillon de gauche la 4e; la 7e subdivision formerait la réserve.

EXPLICATIONS.	COMMANDEMENTS	
	du chef de bataillon.	des chefs de peloton et de division.
La colonne étant serrée en masse, si le chef de bataillon voulait faire former le carré, il ferait prendre distance de section, en commandant..	1. *Pour former le carré.* 2. *Par la tête de la colonne prenez distance de section.*	
Les deux premiers pelotons se mettent en marche en même temps ; le 3e doit attendre qu'il ait distance de section, plus l'épaisseur des rangs. Les autres ne prennent que distance de section. Tout cela s'exécute ainsi qu'il est dit p. 57 et suivantes. Le chef de bataillon arrêterait la colonne dès que le 6e peloton aurait sa distance. Le 2e serrerait à 33 cent. des serrefiles du 1er. Dès que la colonne serait arrêtée, on exécuterait toutes les dispositions prescrites page 55 et suivantes.		

EXPLICATIONS.	COMMANDEMENTS	
	du chef de bataillon.	des chefs de peloton et de division.

Dans une colonne la gauche en tête, ces divers mouvements s'exécutent d'après les mêmes principes et par les moyens inverses.

Le 7e peloton double le 8e; le 2e peloton forme la réserve; mais les faces ne changent point de dénomination. Ainsi le premier peloton forme toujours la 1re face, le dernier la 4e et ainsi de suite des autres.

Former la colonne.

Si, étant en carré, le chef de bataillon voulait le porter en avant, il ferait former la colonne, en commandant.................	1. *Formez la colonne.*	
Le commandant de la 1re face commande aussitôt..................... et se porte, sitôt qu'il peut passer, sur le flanc de la colonne du côté du guide. Le peloton de réserve et la 4e face ne bougent pas, la 2e face fait à gauche et la 3e à droite; elles déboîtent en arrière.	....	1. 1re *Face en avant.* 2. *Guide à gauche.*
Ces dispositions prises, le chef de bataillon commande..................	2. MARCHE.	

EXPLICATIONS.	COMMANDEMENTS	
	du chef de bataillon.	des chefs de peloton et de division.

A ce commandement, la 1re face se portera en avant, les guides se portant rapidement à leurs places; elle sera arrêtée après avoir parcouru l'étendue du front d'une section et alignée à gauche.

Les sections des faces latérales, conversent à droite et à gauche par file, et marchent à la rencontre les unes des autres. Sitôt réunies, elles sont arrêtées, mises de front et les pelotons sont alignés à gauche.

La 4e face fait demi-tour à droite; les serre-files restent devant le 1er rang.

Mouvement commencé.

EXPLICATIONS.	COMMANDEMENTS	
	du chef de bataillon.	des chefs de peloton et de division.
		Mouvement terminé (voir à la page 57, pour les détails).

Faire marcher la colonne en avant et en retraite, l'arrêter et reformer le carré.

Le chef de bataillon mettra la colonne en marche en avant, par les commandements et moyens prescrits à la page 18.

Pour la faire marcher en retraite le chef de bataillon commandera................
1. *Face en arrière.*
2. *Bataillon demi-tour à droite.*

Au 2e commandement, le bataillon fera demi-tour à droite; les guides passeront au 2e rang, les chefs de peloton ne bougeront pas.

Pour reformer le carré, la colonne sera arrêtée et remise face en tête, par les commandements suivants................
1. *Bataillon demi-tour à droite.*
2. HALTE;

EXPLICATIONS.	COMMANDEMENTS	
	du chef de bataillon.	des chefs de peloton et de division.

6° Rompre le carré.

Le chef de bataillon commande............	1. *Rompez le carré.* 2. **Marche.**	

Ce mouvement s'exécute comme pour former la colonne, page 64, seulement le 2ᵉ peloton est arrêté lorsqu'il a distance de section du 3ᵉ, et le 1ᵉʳ lorsqu'il est à la même distance du 2ᵉ. Le chef du 7ᵉ peloton fait dédoubler les sections et les guides du 8ᵉ repassent derrière le 2ᵉ rang.

Le 7ᵉ peloton, après avoir dédoublé les sections, reste dans cette position et ne reprend sa distance que lorsque la colonne est mise en marche.

L'adjudant, le porte-drapeau, les sapeurs et les tambours reprennent leurs places de colonne.

EXPLICATIONS.	COMMANDEMENTS	
	du chef de bataillon.	des chefs de peloton et de division.

Former le carré, le bataillon étant déployé.

Le carré peut être formé parallèlement ou perpendiculairement à la ligne de bataille.

Dans le premier cas, le bataillon est rompu par peloton en arrière à droite ou à gauche et serré à distance de section sur le peloton de la tête, comme il est expliqué page 56 et suivantes.

Dans le second cas, le bataillon est ployé en colonne simple, par peloton, à distance de section, en arrière du peloton de droite ou de gauche, ou bien par la colonne double par section sur le centre.

Pour former la colonne simple, le chef de bataillon commande.............

1. *Pour former le carré,*
2. *Colonne à distance de section par peloton.*
3. *Sur le 1er (ou le 8e peloton) la droite (ou la gauche en tête) en colonne.*
4. *Bataillon à gauche(ou à droite.*
5. *MARCHE.*

EXPLICATIONS.	COMMANDEMENTS du chef de bataillon.	des chefs de peloton et de division.

Le mouvement s'exécutera comme il est expliqué page 22, en substituant le mot peloton, à celui de division ; avec cette différence que le 2e peloton entrera dans la colonne à 33 cent. des serre-files du 1er, qui, eux-mêmes serrent à pareille distance du 2e rang de leur peloton ; que le 7e y entrera à distance de masse et qu'aussitôt arrêté, les demi - sections extérieures doubleront celles intérieures à 3 pas en arrière, comme il est dit, page 57; et que le 8e peloton prendra distance de section du 6e.

Pour ployer le bataillon en colonne double par section, le chef commande. Au 2e commandement, les chefs de section se portent devant le centre et les préviennent de ce qu'elles ont à faire. Les remplacements se portent au 1er rang.	1. *Pour former le carré.* 2. *Colonne double par section.* 3. *Bataillon à gauche et à droite.* 4. MARCHE.

Au 3e commandement, les deux sections formant le peloton de la tête ne bougent pas, les guides des autres sections, qui ont déboîté en arrière se placent devant l'homme du 1er rang et les chefs de section à côté de leur guide.

Au commandement de MARCHE, le peloton de la tête ne bouge pas, le plus ancien chef de section se porte devant le centre et commande : *Guide à droite*

EXPLICATIONS.	COMMANDEMENTS	
	du chef de bataillon.	des chefs de peloton et de division.

L'autre se place dans le créneau séparant les deux sections. Les guides se portent aux ailes extérieures, au 1er rang, et les serre-files serrent à 33 cent. du 2e.

Les sections formant le 2e peloton sont dirigées de manière que le 1er rang soit à 33 cent. des serre-files; lorsqu'elles se joignent, elles sont arrêtées par leurs chefs, mises de front, et alignées à droite par le plus ancien chef, l'autre se place dans le créneau, les deux guides se portent aux ailes extérieures. Le chef de peloton, après avoir aligné, se porte à deux pas derrière le centre.

Toutes les autres sections exécuteront la même chose, excepté qu'elles entreront dans la colonne à distance de section, moins celles formant le 7e peloton, qui y entreront à distance de masse, ainsi qu'il est dit page 69. Le chef de ce peloton fera de même doubler sa demi-section et celui du 8e ne prendra que distance de section entre le 8e et le 6e.

Du reste, toutes les dispositions prescrites à la page 55 et suivantes, seront prises pour la formation du carré.

EXPLICATIONS.	COMMANDEMENTS	
	du chef de bataillon.	des chefs de peloton et de division.

Observations relatives à la formation des carrés.

Si une colonne formée par division se trouvait menacée par la cavalerie, son chef lui ferait former le carré en la faisant préalablement serrer à demi - distance, par les commandements et moyens déjà indiqués; la 2ᵉ division renforcerait la 1ʳᵉ et il n'y aurait point de réserve, seulement, si cela était nécessaire, les deux sections intérieures de la 2ᵉ division, pourraient remplir l'emploi de réserve.

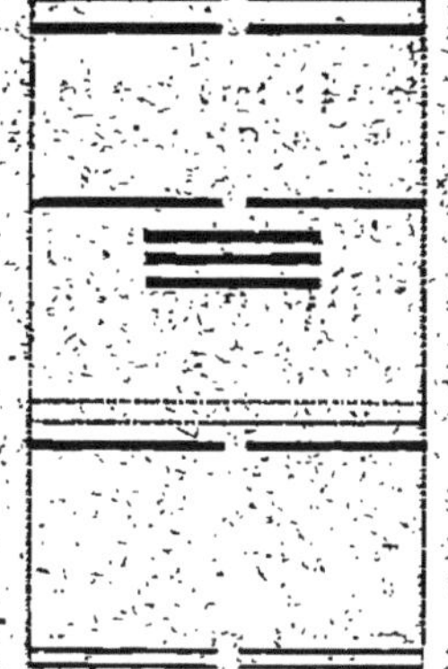

Colonne par division disposée pour former le carré.

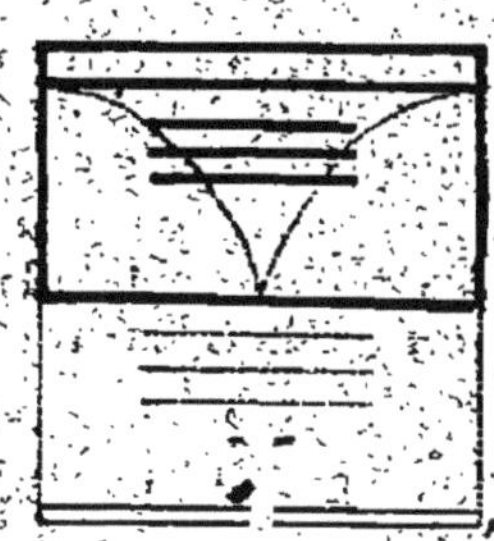

Carré formé.

EXPLICATIONS.	COMMANDEMENTS	
	du chef de bataillon.	des chefs de peloton et de division.

Si le bataillon n'était formé que de trois divisions, la 1re face ne serait point renforcée, et si malgré cela l'on voulait avoir une réserve, la 2e division serrerait à distance de section sur la 1re; les sections intérieures de cette 2e division formeraient la réserve.

Une colonne disposée pour former le carré marchera et changera de direction comme une colonne à demi-distance, seulement ce sera toujours par les conversions, en indiquant le guide du côté opposé, s'il ne s'y trouvait déjà.

Un bataillon en carré n'exécutera jamais que le feu de deux rangs. La garde du drapeau ne reculera pas; elle tirera comme le peloton.

La subdivision doublant la 1re face, restera l'arme au bras pendant le feu.

EXPLICATIONS.	COMMANDEMENTS	
	du chef de bataillon.	des chefs de peloton et de division.

7° Carré sur quatre rangs.

Le bataillon étant en colonne par peloton à distance entière et la droite en tête, son chef commande.......................

1. *Pour former le carré sur 4 rangs.*
2. *A distance de section serrez la colonne.*
3. MARCHE.

Ce mouvement consiste à faire doubler tous les pelotons impairs, par les pelotons pairs, de manière que tous les serre-files des 1ers pelotons soient placés à 33 cent. derrière le 2e, avec ceux de ces pelotons, excepté ceux des 7e et 8e qui passent en avant du 1er rang du 7e; que les cinq rangs soient bien à distance de rang et qu'il y ait distance de section entre ces subdivisions, à partir d'un premier rang à l'autre, à l'exception de la 2e subdivision qui prendra sa distance, de son 1er rang au 4e de la 1re.

Tous les chefs des pelotons impairs se placent en avant du centre et ceux des pelotons pairs derrière, à l'exception de celui du 8e, qui se place en avant à côté du chef de peloton du 7e.

EXPLICATIONS.	COMMANDEMENTS	
	du chef de bataillon.	des chefs de peloton et de division.

Tous les pelotons sont encadrés entre leurs guides.

Les subdivisions ainsi doublées seront commandées par les chefs de peloton placés en avant.

Les tambours et la musique se placeront derrière le 4ᵉ peloton.

Lorsque la colonne aura la gauche en tête, ces mouvements s'exécuteront par les mêmes commandements et les moyens inverses.

La colonne étant ainsi disposée, le chef de bataillon commande.........	1. *Formez le carré.*	
	2. *A gauche et à droite en bataille.*	
	3. Marche.	

EXPLICATIONS.	COMMANDEMENTS	
	du chef de bataillon.	des chefs de peloton et de division.

Au commandement de MARCHE, les premières sections se forment à droite en bataille et les deuxièmes à gauche. La dernière subdivision ferme le carré en se portant en avant; ce sont du reste les mêmes dispositions que pour le carré simple.

Lorsqu'il est formé, les guides rentrent et tous les serre-files, ainsi que les chefs de peloton et de section se placent derrière le 4e rang.

Les tambours et la musique avancent derrière la 1re subdivision.

Les cinq rangs, y compris les serre-files, sont tous placés à 33 cent. les uns des autres.

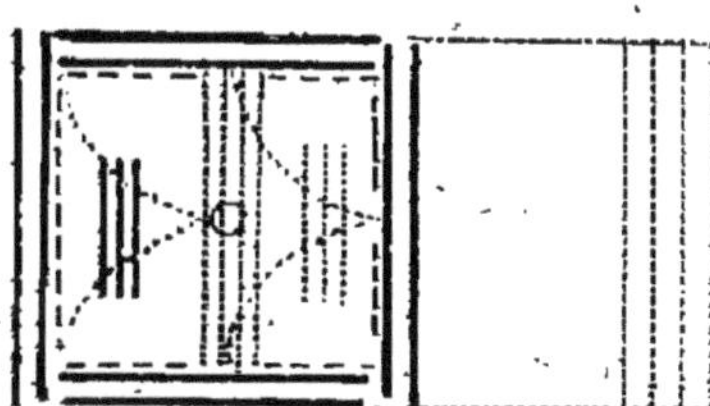

EXPLICATIONS.	COMMANDEMENTS	
	du chef de bataillon.	des chefs de peloton et de division.

Rompre le carré.

Ce mouvement s'exécute par les mêmes commandements et moyens prescrits pour un bataillon sur
deux rangs, page 63, en faisant attention que les
mouvements de flanc s'exécutent sans doubler les
files.

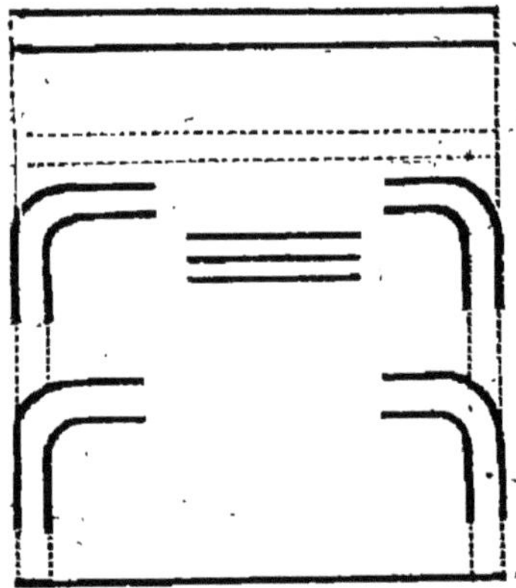

Le carré étant rompu et de pied ferme, si le chef
de bataillon voulait rétablir la colonne dans son ordre

EXPLICATIONS.	COMMANDEMENTS	
	du chef de bataillon.	des chefs de peloton et de division.
primitif, il commande-rait,..*...............	1. *Dédoublez les pelotons.* 2. *Par la tête de la colonne (ou sur le* 1er *ou* 8e *peloton) prenez les distances.*	

Ces divers mouvements s'exécutent comme il est prescrit page 6≤.

Les serre-files des pelotons impairs, les chefs des pelotons pairs et les guides de ces pelotons reprennent leurs places de colonne dès qu'ils peuvent passer.

Pour former le carré sur quatre rangs sur le peloton de la tête ou sur celui de la queue de la colonne, le bataillon serait ployé en colonne par les commande-ments suivants.........

	du chef de bataillon.	des chefs de peloton et de division.
	1. *Pour for-mer le carré sur 4 rangs.* 2. *Colonne à distance de section par peloton.* 3. *Sur le* 1er *(ou* 8e*) pelo-ton la droite (ou la gau-che) en tête en colonne.* 4. MARCHE.	

EXPLICATIONS.	COMMANDEMENTS	
	du chef de bataillon.	des chefs de peloton et de division.

Ce mouvement s'exécuterait par les moyens indiqués, seulement tous les pelotons pairs serreraient à 33 c. sur les impairs, de manière que la colonne soit formée ainsi qu'il est dit page 7½.

Pour former le carré sur quatre rangs par la colonne double, le chef de bataillon commandera....

    1. Pour former le carré sur 4 rangs.
    2. Colonne double par section.
    3. Bataillon à gauche et à droite.
    4. MARCHE.

Ce mouvement s'exécute comme il est dit page 70, excepté qu'au commandement de MARCHE, les serre-files de la 2e section du 4e peloton et de la 1re du 5e, au lieu de serrer à distance de rang, se portent en arrière pour permettre aux sections qui doublent d'entrer dans la colonne, le 1er rang à 33 cent. du 2e rang de celles qui précèdent. Ces serre-files se placent sur l'alignement de ceux du 2e peloton. Les sections qui doublent étant alignées, leurs guides se portent en serre-files.

EXPLICATIONS.	COMMANDEMENTS	
	du chef de bataillon.	des chefs de peloton et de division.

La 2e section du 3e peloton et la 1re du 6e se placent à distance de section du 4e rang de la 1re subdivision doublée. Les 2es sections du 2e et du 1er peloton, ainsi que les 1res des 7e et 8e, à distance de section des guides qui les précèdent. Les sections impaires du demi-bataillon de droite, et celles paires du demi-bataillon de gauche, à distance de rang des sections de leur peloton déjà placées dans la colonne. Les chefs de sections, les serre-files et les guides se conforment à ce qui est prescrit dans l'alinéa précédent.

La colonne étant ainsi formée, les subdivisions de 4 rangs prennent les dénominations de 1er, 2e, 3e et 4e peloton, selon le rang qu'elles occupent dans la colonne.

Si le bataillon se trouvait en colonne par divisions, à distance entière ou à demi-distance, le chef de bataillon commanderait…

1. *Pour former le carré sur 4 rangs.*
2. *A distance de sect. serrez la colon.*
3. **Marche.**

EXPLICATIONS.	COMMANDEMENTS	
	du chef de bataillon.	des chefs de peloton et de division.

La 2ᵉ division serre sur la première, en se conformant au principe prescrit page 76, pour les deux premiers pelotons; la 3ᵉ serre à distance de section sur le 4ᵉ rang de la subdivision de la tête; la 4ᵉ division serre à distance de section sur la 3ᵉ.

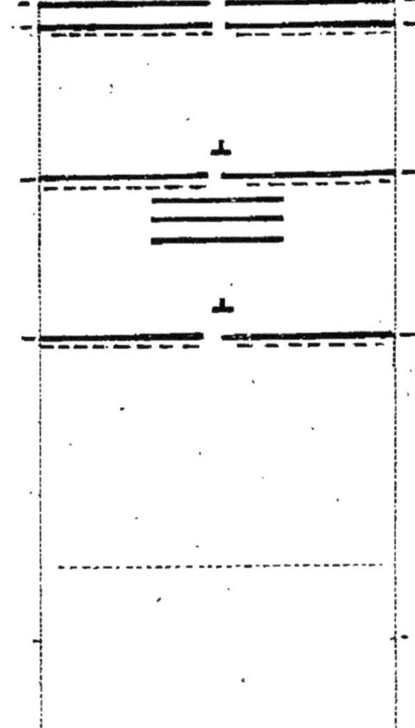

EXPLICATIONS.	COMMANDEMENTS	
	du chef de bataillon.	des chefs de peloton et de division.

La colonne étant ainsi disposée, le chef de bataillon commandera. . . . .
1. Pour former le carré,
2. A droite et à gauche en bat. doublez les sections.
3. Marche.

Au 3e commandement les sections de la 3e division font à droite et à gauche en bataille; les sections intérieures serrent à 33 cent. sur celles extérieures; les serre-files de ces dernières se portent, dès que le mouvement commence, sur l'alignement des serre-files des sections intérieures. La 4e division serré pour former le carré, en se conformant à ce qui est prescrit, p. 60 et 61.

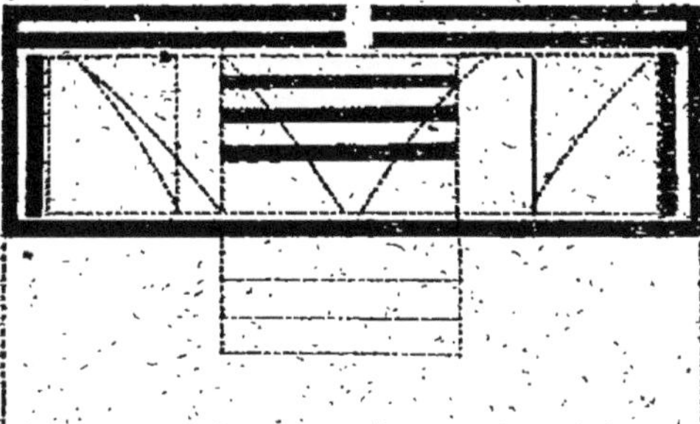

Lorsque l'on reforme la colonne pour marcher en avant ou en arrière, les faces latérales restent en co-

EXPLICATIONS.	COMMANDEMENTS	
	du chef de bataillon.	des chefs de peloton et de division.

lonne, par sections doublées derrière les sections extérieures de la subdivision de la tête.

Mouvement commencé.

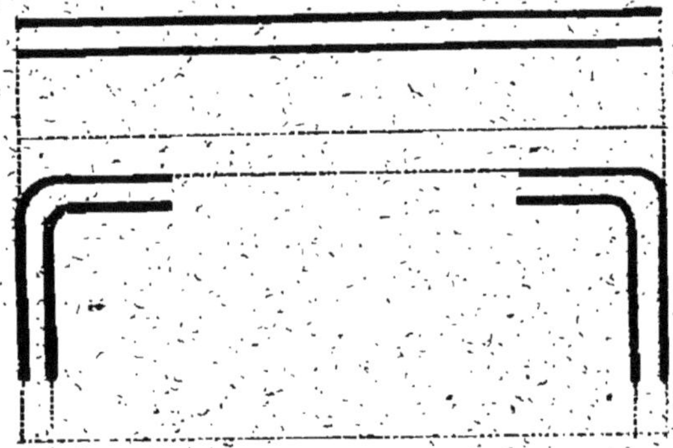

Mouvement terminé.

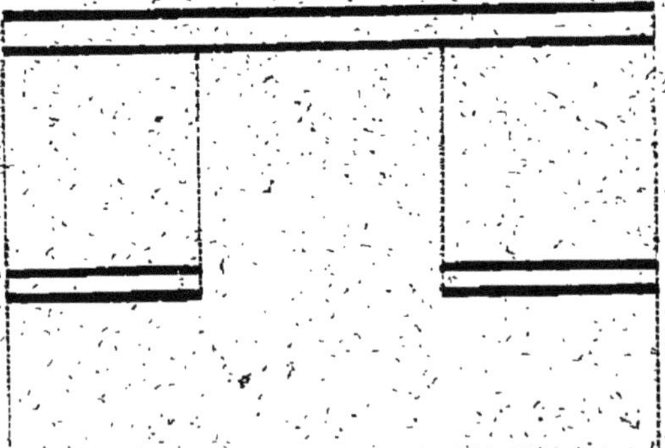

EXPLICATIONS.	COMMANDEMENTS	
	du chef de bataillon.	des chefs de peloton et de division.

Lorsque l'on rompt le carré, les sections intérieures de la 3ᵉ division continuent à marcher, lorsque les sections extérieures sont arrêtées par leurs chefs et se reforment en ligne d'après le principe des déploiem⁺ˢ.

Quand la colonne a la gauche en tête, les mouvements s'exécutent par les mêmes commandements et des moyens analogues. La 3ᵉ division double la 4ᵉ, la 2ᵉ division forme les faces latérales, et la 1ʳᵉ reste sur deux rangs.

Le bataillon étant en bataille, former le carré sur 4 rangs, perpendiculaire, par la colonne double.

| Le chef de bataillon commande............. | | 1. *Pour former le carré sur 4 rangs.*
2. *Colonne double par pelot. à distance de section.*
3. *Bataillon à gauche et à droite.*
4. MARCHE. |

Les 3ᵉ et 6ᵉ pelotons entrent dans la colonne à 33 cent. de distance des 4ᵉ et 5ᵉ; les 2ᵉ et 7ᵉ à distance de section du 4ᵉ rang de la subdivision de la tête, et le 1ᵉʳ et le 8ᵉ peloton à distance de section de la 3ᵉ subdivision, d'après les principes analogues énoncés page 69.

EXPLICATIONS.	COMMANDEMENTS du chef de bataillon.	des chefs de peloton et de division.
Si le bataillon doit être formé en carré sur l'une des ailes, le chef commande.	1. *Pour former le carré sur 4 rangs.*	
Les divisions se formeront en colonne, d'après les principes énoncés pag. 79 et suivantes, pour les distances à observer entre les divisions, et page 77 pour les serre-files de la 1re division.	2. *Colonne à distance de section par division.*	
Toutes les fois qu'une colonne sera formée de subdivisions doublées, les mouvements de flanc s'exécuteront sans doubler les files; les changements de direction en marchant, se feront toujours comme pour les bataillons en masse.	3. *Sur la 1re (ou la 4e) division la droite (ou la gauche) en tête en colonne.* 4. *Bataillon à gauche (ou à droite).* 5. MARCHE.	

Les feux ne seront exécutés que par les deux rangs extérieurs, les autres resteront l'arme au bras.

EXPLICATIONS.	COMMANDEMENTS du chef de bataillon.	des chefs de peloton et de division.

8.º Serrer la colonne en masse sur la division de la tête ou sur celle de la queue.

La colonne en marche, ayant la droite en tête, le chef de bataillon, voulant la faire serrer en masse sur la division de la tête, commande................

1. *En masse serrez la colonne.*

2. MARCHE.

Le chef de la 1.re division ajoute aussitôt......

1. 1.re *Divis.*
2. HALTE.
3. *A gauche=* ALIGNEMENT.

L'adjudant-major se place en avant du guide de la tête, et assure, par des signes, les guides de gauche sur la direction.

Les divisions suivantes sont arrêtées par leur chef lorsque leur guide arrive à 6 pas de celui qui le précède, et alignées à gauche.

Les serre-files serrent à 1 pas de distance au moment où les divisions s'alignent.

Si la colonne avait la gauche en tête, ce mouvement s'exécuterait d'après les mêmes principes et par les commandements inverses, quant aux alignements seulement.

EXPLICATIONS.	COMMANDEMENTS	
	du chef de bataillon.	des chefs de peloton et de division.
Si l'on veut faire serrer en masse sur la division de la queue, le chef de bataillon, après avoir arrêté la colonne, commande....	1. *Sur la 4.e division en masse serrez la colonne.*	
Toutes les divisions, hors la 4.e, font demi-tour; les guides restent au 1.er rang.	2. *Bataillon.* 3. *Demi-tour* = A DROITE.	
Les chefs des 3 premières divisions se portent à 2 pas sur le flanc du côté de la direction.........	4. *Colonne en avant.* 5. *Guide à droite.* 6. MARCHE.	
La 4.e div.^{on} est alignée à gauche par son chef.		
Au fur et à mesure que chaque guide arrive à 6 pas de celui qui le précède, le chef de la division commande.........		1. telle *Divis.* 2. HALTE. 3. telle *Divis.*
Les guides restent face en arrière.		4. *Demi-tour* = A DROITE.
Lorsque la colonne est formée, le chef de bataillon commande.........	7. *Guides.* 8. *Demi-tour* = A DROITE.	5. *A gauche* = ALIGNEMENT.

L'adjudant-major, placé en arrière du guide de la 4.e division, assure tous les autres sur la direction.

Ce mouvement, la gauche en tête, s'exécuterait d'après les mêmes principes.

EXPLICATIONS.	COMMANDEMENTS	
	du chef de bataillon.	des chefs de peloton et de division.

9.° Marcher en colonne serrée et changer de direction en marchant.

EXPLICATIONS.	du chef de bataillon.	des chefs de peloton et de division.
La colonne étant en marche, par division, et la droite en tête, le chef de bataillon fait prendre le guide du côté opposé au changement de direction, s'il n'y est déjà; ensuite il fait placer un jalonneur *A* au point où il veut que le mouvement s'exécute, puis il commande	1. *Bataillon, à droite (on à gauche) conversion.* 2. MARCHE.	
Toutes les divisions conversent en marchant; le pivot fait le pas de 33 cent.		
Tous les autres guides conversent de manière à être toujours à 6 pas de celui qui les précède; pour cela il est nécessaire que ceux placés à l'aile marchante avancent d'abord l'épaule extérieure, puis obliquent légère-		

EXPLICATIONS.	COMMANDEMENTS	
	du chef de bataillon.	des chefs de peloton et de division.

ment en dehors en même temps qu'ils marchent en avant.

Chaque chef de division doit lui faire face pour surveiller l'exécution du mouvement, de manière qu'elle soit toujours encadrée entre ces deux guides, et placée à peu près parallèlement à celle qui la précède.

Lorsque la conversion est près d'être achevée, le chef de bataillon commande.................. | 3. *En avant.*
4. MARCHE.

Si, après que le mouvement est achevé, les guides se trouvaient du côté opposé à celui où ils doivent être dans l'ordre naturel, le chef de bataillon ferait les commandements nécessaires pour changer le côté de la direction.

EXPLICATIONS.	COMMANDEMENTS	
	du chef de bataillon.	des chefs de peloton et de division.

10.° Prendre les distances par la tête de la colonne sur la division de la tête ou sur celle de la queue.

La colonne étant par division, serrée en masse, la droite en tête, le chef de bataillon, voulant faire prendre les distances par la tête de la colonne, commande...................

1. *Par la tête de la colonne prenez les distances.*

Le chef de la 1.re division commande aussitôt.

1. *1.re Divis. en avant.*
2. *Guide à gauche.*

3. MARCHE.

Les autres chefs de division font successivement les mêmes commandements au fur et à mesure qu'ils atteignent leur distance.

Pour prendre les distances sur la queue de la colonne, 2 jalonneurs, *A* et *B*, sont placés face en arrière et du côté de la direction; l'un à hauteur de la 4.° division, et l'autre à distance de division vers la tête de la colonne. Le guide général de droite se porte en même temps au delà du point où doit arriver la tête et sur la direction des 2 jalonneurs,

EXPLICATIONS.	COMMANDEMENTS	
	du chef de bataillon.	des chefs de peloton et de division.
après quoi le chef de bataillon commande......	1. *Sur la 4.e division prenez les distances.* 2. *Colonne en avant.* 3. *Guide à gauche.* 4. Marche...	
Tous les chefs de division, hors celui de la 4.e, se portent à 2 pas sur le flanc, du côté de la direction...............		
Les chefs des 3 premières divisions répètent.... celui de la 4.e commande aussitôt................		Marche.
Lorsque la 3.e division arrive à hauteur du jalonneur *B*, son chef commande................		1. *A gauche* = Alignement. 2. Fixe.
		1. 3.e *Divis.* 2. Halte. 3. *A gauche* = Alignement. 4. Fixe.

La 3.e div. est alignée sur le jalonn. *B*, lequel est remplacé par le guide de la div. au commandement Fixe.

Les 2.e et 1.re div. sont de même arrêtées et alignées lorsqu'elles atteignent leur distance; les guides de gauche de ces div. se placent sur la direct. et face en arrière.

La formation achevée, le chef de bataillon fait faire demi-tour aux guides à son commandement.

L'adjudant-major assure la position des guides au fur et à mesure qu'ils arrivent sur la direction et à leur distance. L'adjudant dirige la marche du 1.er guide de la colonne.

EXPLICATIONS.	COMMANDEMENTS du chef de bataillon.	des chefs de peloton et de division.
Pour prendre les distances sur la tête de la colonne, le chef de bataillon fait établir 2 jalonneurs, *C* et *D*, comme il a été expliqué dans le mouvement précédent, excepté qu'ils font face en avant. Le guide général de gauche se porte de même au delà du point où doit arriver la gauche de la colonne face aux 2 jalonneurs et sur leur direction, ensuite le chef de bataillon commande...............	1. *Sur la 1.re division prenez les distances.*	
Toutes les divisions, hors la 1.re, font demi-tour, et les guides restent au 1.er rang.	2. *Bataillon.* 3. *Demi-tour* ⹀ À DROITE.	
Les chefs des 3 dernières divisions se portent en dehors de leur guide.	4. *Colonne en avant.*	
	5. *Guide à droite.*	
La 1.re divis. est alignée à gauche par son chef.	6. MARCHE.	
Dès que le guide de la 2.e division arrive à hauteur du jalonneur *D*, le chef de cette division commande		1. *2.e Divis.* 2. HALTE. 3. *2.e Divis.* 4. *Demi-tour* ⹀ À DROITE. 5. *A gauche* ⹀ ALIGNEMENT.
La division est alignée sur le jalonneur *D*.		6. FIXE.

EXPLICATIONS.	COMMANDEMENTS	
	du chef de bataillon.	des chefs de peloton et de division.

Au commandement FIXE, le jalonneur *D* se retire et est remplacé par le guide de la division.

Au fur et à mesure que les guides des 3.ᵉ et 4.ᵉ divisions atteignent leur distance, les chefs de ces divisions se conforment à tout ce qui vient d'être dit pour celui de la 2.ᵉ

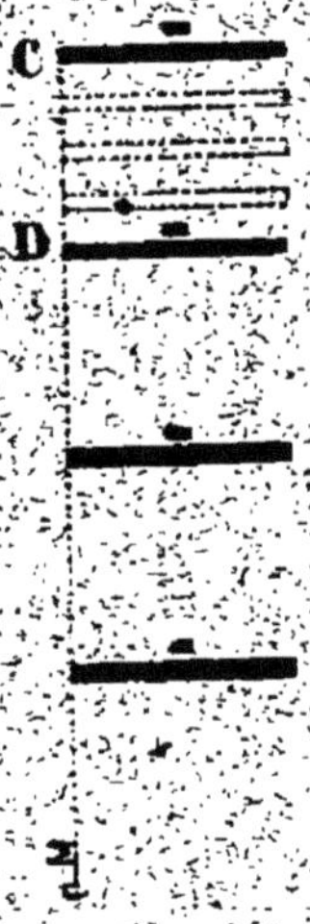

Dans une colonne ayant la gauche en tête, ces mouvements s'exécutent d'après les mêmes principes.

11.º Rompre les divisions et faire exécuter par pelotons les mouvements indiqués aux art. 3, 4, 5, 7, 8 et 10 de cette leçon.

Le mouvement de rompre les divisions s'exécute au commandement du chef de bataillon, d'après les principes expliqués pour un peloton, n.º 487 de l'École de peloton (page 39 de cette École); il n'y a qu'à substituer, dans le commandement, la dénomination de *division* à celle de *peloton*.

Art. 3. Le mouvement prescrit à cet article a été expliqué à la page 53, pour les divisions; il n'y a de même que la substitution de *peloton* à *division* dans les commandements.

Art. 4. Ces mouvements s'exécutent ainsi qu'il est expliqué à la page 53, pour la division.

Art. 5. La formation du carré s'exécute, dans une colonne formée par peloton, ainsi qu'il est expliqué aux pages 56, 57 et 58, et en appliquant aux pelotons et aux sections tout ce qui est dit pour les divisions et les pelotons.

Art. 7. Il en est de même pour rompre les carrés, page 67.

Art. 8. Mouvement expliqué aux pages 54 et 55 pour une colonne par division; il n'y a d'autre différence que la substitution de *peloton* à *division* dans les commandements.

Art. 10. Mouvements expliqués aux pages 89, 90, 91 et 92. Même observation que ci-dessus, pour les commandements.

EXPLICATIONS.	COMMANDEMENTS	
	du chef de bataillon.	des chefs de peloton et de division.

12.° Étant en colonne par pelotons, former les divisions de pied ferme.

EXPLICATIONS.	du chef de bataillon.	des chefs de peloton et de division.
La colonne ayant la droite en tête et étant serrée en masse, le chef de bataillon commande.	1. *Formez les divisions.*	
Les chefs des pelotons pairs les préviennent qu'ils doivent faire à gauche....................	2. *Pelotons pairs = A* GAUCHE.	
Les chefs de ces pelotons se portent à côté de leur guide de gauche. Les deux guides des pelotons impairs jalonnent leur peloton face à droite......	3. MARCHE.	
Les chefs des pelotons pairs les laissent filer, et dès que la 1.re file arrive à leur hauteur, ils commandent....................		1. *tel Peloton.* 2. HALTE. 3. FRONT.

EXPLICATIONS.	COMMANDEMENTS	
	du chef de bataillon.	des chefs de peloton et de division
Le guide de gauche de chaque peloton pair se porte en jalonneur face et sur la direction des deux guides du peloton-impair.		
Le chef de peloton se porte à côté du dernier homme du premier rang du peloton impair et ajoute....................	....	4. *A droite* = ALIGNEMENT. 5. FIXE.
Les chefs de division se portent devant le centre et le chef de peloton le moins ancien dans le créneau.		
La formation achevée, le chef de bataillon commande	4. *Guides* = A VOS PLACES.	

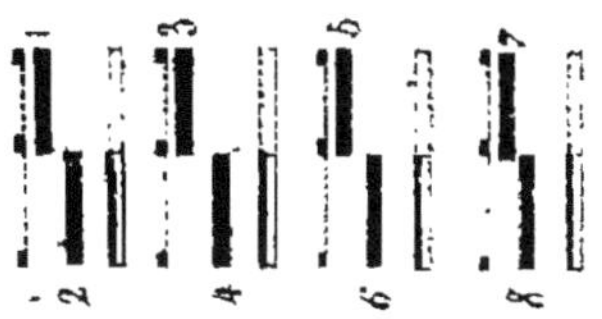

EXPLICATIONS.	COMMANDEMENTS du chef de bataillon.	des chefs de peloton et de division.
Si la colonne, au lieu d'être serrée en masse, était à distance entière ou à demi-distance, le mouvement s'exécuterait d'après les mêmes principes, avec cette différence que les chefs des pelotons pairs, après avoir commandé FRONT, se porteraient devant le centre de leur peloton et commanderaient......		1. tel *Peloton en avant.* 2. *Guides à droite.* 3. MARCHE.

Qu'ils arrêteraient leur peloton à 3 pas de la ligne de bataille de la division, et que leur guide de gauche se porterait en jalonneur au commandement de HALTE seulement, après quoi ils aligneraient leur peloton à droite.

Ces mouvements, dans une colonne la gauche en tête, s'exécutent par les moyens inverses; les pelotons impairs se conforment à tout ce qui vient d'être dit pour les pelotons pairs.

Tous les guides font face à gauche.

13.° Former la colonne par division à droite ou à gauche en bataille.

Ce mouvement a déjà été expliqué aux pages 21 et 22

EXPLICATIONS.	COMMANDEMENTS du chef de bataillon.	des chefs de peloton et de division.

5.ᵉ LEÇON.

1.º Ployer le bataillon en colonne serrée par division.

Pour le ployer en arrière de la 1.ʳᵉ division, le chef de bataillon commande.................	1. *Colonne serrée par division.*	
Tous les chefs de division se portent devant le centre; celui de la 1.ʳᵉ l'avertit de ne pas bouger. Les remplacements se portent au 1.ᵉʳ rang. Les 3 dernières divisions sont prévenues qu'elles feront à droite...............	2. *Sur la 1.ʳᵉ division la droite en tête en colonne.*	
	3. *Bataillon* ≡ A DROITE.	
Les chefs des 3 dernières divisions se portent à la droite et font déboîter les 3 premières files en arrière. Le chef de peloton le moins ancien se porte au centre de la division à côté du remplacement	3.	

B.

EXPLICATIONS.	COMMANDEMENTS	
	du chef de bataillon.	des chefs de peloton et de division.
Le chef de la 1.re division commande aussitôt.	. . . .	*Guide à gauche.*
Le guide s'y porte dès qu'il peut passer, les serre-files serrent à un pas du 2.e rang.		
Chaque division, conduite par son chef, se dirige par la diagonale vers l'emplacement qu'elle doit occuper dans la colonne et se redresse afin d'y entrer parallèlement à celle qui la précède. Les serre-files serrent à 1 pas.		
Lorsque les chefs de division arrivent à hauteur de la gauche de la colonne, ils s'arrêtent, laissent filer leur division et commandent	. . . .	1. telle *Divis.* 2. HALTE.
Le guide de gauche se place promptement sur la direction et à 6 pas de celui qui le précède.	. . . .	3. FRONT. 4. *A gauche* ALIGNEMENT. 5. FIXE.

L'adjudant-major se place successivement en arrière de chaque guide pour l'assurer sur la direction.

EXPLICATIONS.	COMMANDEMENTS	
	du chef de bataillon.	des chefs de peloton et de division.

Pour ployer le bataillon en avant sur la 1.re division, le chef de bataillon substitue l'indication de la *gauche en tête* à celle de la *droite en tête*.

Les 3 files de droite des 3 dernières divisions déboîtent en avant au lieu de déboîter en arrière.

Les chefs de division les conduisent jusqu'à ce qu'ils arrivent à hauteur du guide de droite de la 1.re divis.

Les guides de droite font face en arrière au fur et à mesure qu'ils arrivent, et sont assurés sur la direction par l'adjudant - major, qui, à cet effet, se porte en arrière de celui de la 1.re division.

Le mouvement étant achevé, le chef de bataillon commande . . . . | *Guides, demi-tour =* **à** DROITE. |

La formation en avant ou en arrière de la 4.e division s'exécute par les mêmes commandements et par les moyens inverses.

Les deux exemples ci-dessus embrassent tous les cas ; ainsi, lorsqu'on veut ployer le bataillon sur une divis.^{on} de l'intérieur, sur la 3.e, par exemple, et la droite en

EXPLICATIONS.	COMMANDEMENTS	
	du chef de bataillon.	des chefs de peloton et de division.
tête, le chef de bataillon commande............	1. *Colonne serrée par division.* 2. *Sur la 3.ᶜ division, la droite en tête, en colonne.* 3. *Bataillon* ⹀ A GAUCHE et A DROITE. 4. MARCHE.	
Tous les chefs de division se portent au centre de leur division et les préviennent de ce qu'elles ont à faire.		

Les deux premières divisions déboîtent en avant et la 4.ᶜ en arrière, et toutes se conforment, selon leur position, aux principes expliqués, pages 97, 98 et 99.

Dans ces mouvements l'adjudant-major assure la position des guides des divisions qui se trouvent en avant de celle de direction, et l'adjudant, la position de ceux qui se trouvent en arrière.

Le chef de bataillon fait faire demi-tour aux guides, qui font face en arrière, à son commandement.

EXPLICATIONS.	COMMANDEMENTS	
	du chef de bataillon.	des chefs de peloton et de division.

2.° Exécuter la contre-marche.

Ce mouvement a été expliqué aux pages 24 et 25.

3.° Changer de direction à droite ou à gauche par le flanc de la colonne.

La colonne étant serrée en masse et de pied ferme, le chef de bataillon indique à l'adjudant-major la nouvelle direction, celui-ci place deux jalonneurs *A* et *B*, qui se font face, à un peu moins que distance de division ou de peloton, selon le cas, après quoi le chef de bataillon commande....

   1. *Changem. de direction par le flanc droit.*

Les chefs de division se portent à côté de leur guide de droite.........

   2. *Bataillon*
   = A DROITE.

   3.   MARCHE.

La 1.re division converse à droite, de manière à se diriger parallèlement et à 2 pas en arrière des deux jalonneurs; le chef de cette division s'arrête de sa per-

EXPLICATIONS.	COMMANDEMENTS	
	du chef de bataillon.	des chefs de peloton et de division.
sonne à l'endroit où doit être placé son guide de gauche, laisse filer sa division, et lorsque la dernière file arrive à sa hauteur, il commande:		1. 1.re *Divis.* 2. HALTE. 3. FRONT.
Le guide de gauche est établi par l'adjudant-major placé en avant de lui........................	....	4. *A gauche* = ALIGNEMENT. 5. FIXE.
Les autres divisions se conforment au mouvement de la 1.re en conservant toujours la distance de 6 pas, d'un guide à l'autre, qui doit les séparer, et lorsqu'elles entrent dans la nouvelle direction, les chefs de ces subdivisions exécutent tout ce qui a été dit pour celui de la 1.re		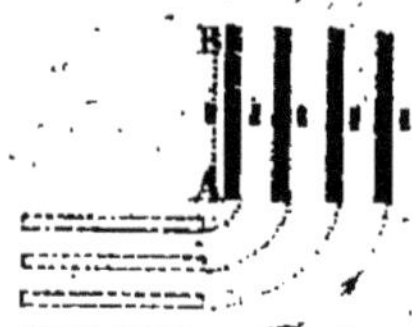

Les divisions sont alignées à gauche dès que chaque guide est placé correctement à 6 pas de celui qui le précède.

Ce mouvement s'exécuterait par le flanc gauche d'après les mêmes principes et par les commandements inverses.

EXPLICATIONS.	COMMANDEMENTS	
	du chef de bataillon.	des chefs de peloton et de division.

4.° Déployer la colonne.

La colonne serrée par division, la droite en tête, devant être déployée face en avant sur la 1.re division, le chef de bataillon indique à l'avance la direction de la ligne de bataille à l'adjudant-major, celui-ci établit aussitôt 2 jalonneurs, *A* et *B*, sur cette ligne et face à droite. Le guide général de gauche se porte en même temps au delà du point où doit arriver la gauche du bataillon et se place correctement sur le prolongement des 2 jalonneurs, l'arme entre les deux yeux. Le chef de bat.^{on} comm. ensuite.

1. *Sur la 1.re division déployez la colonne.*

Cette division est avertie de ne pas bouger, et les trois autres, qu'elles vont faire à gauche..............

2. *Bataillon = A GAUCHE.*

Les chefs de division et de peloton prennent les places qui leur sont assignées dans la marche de flanc.

L'adjudant-major place un 3.e jalonneur *C*, également face à droite, vis-à-vis et contre l'une des 3 dernières files du 1.er peloton, et se porte ensuite à distance de division en arrière du jalonneur *B*.

EXPLICATIONS.	COMMANDEMENTS	
	du chef de bataillon.	des chefs de peloton et de division.
Le chef de la 1.re division l'aligne à droite contre les 3 jalonneurs *ACB*, les deux chefs de peloton font le commandement de FIXE.	3. MARCHE.	
Les 3 divisions qui ont fait à gauche, marchent parallèlement à la ligne de bataille, en conservant 6 pas de distance entre elles. Le chef de la 2.e s'arrête de sa personne à hauteur du guide de gauche de la 1.re, et lorsque la dernière file de la division arrive à sa hauteur, il commande..............		1. 2.e *Divis*. 2. HALTE.
Les deux guides de gauche sortent pour jalonner face à droite. Le chef de la division se place à côté du dernier homme de celle qui précède, et commande..............		3. FRONT. 4. *A droite* = ALIGNEMENT. 5. FIXE.
Les 3.e et 4.e divisions continuent à marcher; le chef de la 3.e s'arrête de sa personne, lorsqu'il en -		

EXPLICATIONS.	COMMANDEMENTS du chef de bataillon.	des chefs de peloton et de division.
tend le commandement de HALTE, fait à la 2.e, et, lorsque son guide de droite arrive à sa hauteur, il commande............	....	1. 3.e *Divis.*
		2. HALTE.
et se porte devant le centre, après quoi il ajoute............	....	3. FRONT.
		4. 3.e *Divis. en avant.*
		5. *Guide à droite.*
		6. MARCHE.
Lorsque la division arrive à 3 pas de la ligne de bataille, il ajoute encore............	....	7. 3.e *Divis.*
		8. HALTE.
Les deux guides de gauche jalonnent face à droite, et le chef de division, après s'être porté à la gauche du dernier homme de la 2.e, commande............	....	9. *A droite* = ALIGNEMENT.
		10. FIXE.
La 4.e division fait absolument tout ce qu'a fait la 3.^e		
La formation achevée, le chef de bataillon commande............	*Guides* = A VOS PLACES.	

L'adjudant-major assure la position des guides au fur et à mesure.

L'adjudant suit le mouvement de la 4.e division

Pour déployer sur la 4.e division, l'on prend toutes les dispositions indiquées à la page 103, avec cette différence que tous les jalonneurs font face à gauche et que c'est le guide général de droite qui se porte sur la ligne.

Dans le commandement, le chef de bataillon substitue l'indication de 4.e à 1.re division.

Dès que la 4.e division est démasquée par les trois premières, qui ont fait à droite, son chef la fait porter en avant, avec le guide à gauche, l'arrête à 3 pas des jalonneurs et l'aligne à gauche contre eux.

Les autres divisions exécutent tout ce qui a été expliqué page 105.

Les chefs de division reprennent leurs places de bataille, à la droite, au commandement de *guides à vos places*.

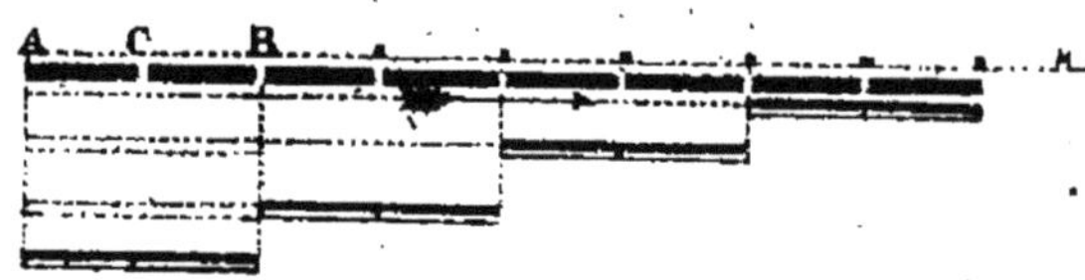

Si, au lieu de déployer la colonne sur la division de la tête ou sur celle de la queue, l'on voulait la déployer sur une division de l'intérieur, sur la 2.e, par exemple, l'on ferait, en avant de la 1.re, les dispositions indiquées page 103, avec cette différence que les jalonneurs *A* et *B* se feraient face et que les deux guides généraux se porteraient sur la ligne, celui de droite

EXPLICATIONS.	COMMANDEMENTS	
	du chef de bataillon.	des chefs de peloton et de division.

vers la droite et celui de gauche vers la gauche. Le chef de bat.^{on} commanderait.

1. *Sur la 2.e division déployez la colonne.*

2. *Bataillon* — A DROITE *et* A GAUCHE.

3. MARCHE.

La 2.e division ne se porterait, avec le guide à gauche, contre les jalonneurs, qu'après avoir été démasquée, et serait alignée à gauche, son chef reculerait au 2.e rang, et le remplacement sur l'alignement des serre-files, afin que celui de la 3.e division puisse l'aligner à droite, et reprendraient leur place de bataille au commandement de *Guide* = A VOS PLACES, ainsi que le chef de la 1.re division.

Du reste la 1.re division exécuterait ce qui a été expliqué, page 106, pour les 3 premières, et les 3.e et 4.e, ce qui l'a été, page 105, pour les mêmes divisions, ce déploiement sur le centre embrassant nécessairement les principes de ceux sur les ailes.

L'adjudant-major assure la position des guides de droite, et l'adjudant celle des guides de gauche.

Tous ces déploiements s'exécutent, la gauche en tête, d'après les mêmes principes et par les moyens inverses.

Dans les déploiements par inversion, le chef de bataillon doit l'indiquer dans son 1.er commandement en disant : *Par inversion sur telle division déployez la colonne* ; ces formations ont lieu d'après les mêmes principes que celles dans l'ordre naturel.

Les chefs des subdivisions qui ne se trouvent pas naturellement à la droite, s'y portent au commandement de *Guides* = A VOS PLACES.

Si, étant en bataille par inversion, l'on veut ployer le bataillon en colonne et que la 1.re division doive être en tête, il faut énoncer dans le commandement qu'elle aura la gauche en tête ; et la droite en tête, si, au contraire, c'est la 4.e division qui doit être en tête.

Les colonnes serrées peuvent encore être déployées face en arrière par la contre-marche et le déploiement, face à droite et face à gauche, par un changement de direction par le flanc et le déploiement.

5.° Ployer le bataillon en colonne par division, à distance de peloton.

Ce mouvement est le même que le ploiement en colonne serrée, pages 97, 98, 99 et 100, avec la seule différence de la substitution dans les commandements de *Colonne à distance de peloton* à *Colonne serrée*.

EXPLICATIONS.	COMMANDEMENTS	
	du chef de bataillon.	des chefs de peloton et de division.

6° Ployer le bataillon en colonne par peloton à demi-distance et la former en bataille.

Pour ployer la colonne, l'on se conforme à tout ce qui est expliqué, pages 98 et suiv.; il n'y a d'autre différence que la substitution, dans les commande-ments, du mot *Peloton* à celui de *Division*.

La colonne à demi-distance, peut être formée en bataille :

1° A gauche (ou à droite) de pied ferme, en prenant les distances (page 90) ou bien en marchant; dans ce cas le chef de bataillon commande :

| | 1. *Par la queue de la colonne, à gauche (ou à droite) en bataille.* |
| | 2. MARCHE. |

Au commandement de MARCHE, le guide du 8° pe-loton s'arrête, et le peloton se forme à gauche en bataille, son guide de droite jalonne face à gauche, le peloton est aligné à gauche.

Le guide général de droite, se porte rapidement en avant et jalonne sur les deux déjà placés. Tous les autres pelotons continuent à marcher devant eux, ayant leurs chefs sur le flanc gauche.

Dès que le 7° arrive à hauteur de la droite du 8°, il se forme également à gauche en bataille et est aligné à gauche, son guide de droite jalonne face à gauche, et ainsi de suite des six autres pelotons.

EXPLICATIONS.	COMMANDEMENTS	
	du chef de bataillon.	des chefs de peloton et de division.

2° Sur la droite et sur la gauche en bataille, comme il est dit, page 38.

3° En avant en bataille par le déploiement, après avoir serré en masse.

4° Face en arrière en bataille, comme si elle était à distance entière, page 32.

7° Ployer le bataillon en colonne double.

EXPLICATIONS.	COMMANDEMENTS du chef de bataillon.	des chefs de peloton et de division.
A distance du peloton, le chef de bataillon commande..................	*1. Colonne double à distance de peloton.*	
Les chefs de peloton se portent devant le front et les préviennent de ce qu'ils ont à faire. Les remplacements passent au 1er rang	*2. Bataillon* = A GAUCHE *et* A DROITE.	
Les 4e et 5e pelotons ne bougent pas, les 3 premiers font à gauche et les 3 derniers à droite.		
Les uns et les autres déboîtent en arrière. Les guides de gauche et de droite, ainsi que les chefs de peloton, se placent pour les conduire......	3. MARCHE.	

EXPLICATIONS.	COMMANDEMENTS	
	du chef de bataillon.	des chefs de peloton et de division.
Les 4e et 5e pelotons forment la 1re division; le plus ancien chef de peloton se porte à 2 pas en avant du centre et commande............	....	*Guide à droite.*
L'autre chef de peloton se place dans le créneau au centre.		
Les 3e et 6e pelotons marchent à la rencontre l'un de l'autre, à la distance voulue, et lorsqu'ils se joignent, chaque chef de peloton commande..	....	1. tel *Peloton.* 2. HALTE. 3. FRONT.
Le guide de gauche du 3e peloton rentre en serre-file, le remplacement du 6e passe au 2e rang. Le moins ancien des deux chefs de peloton se place dans le créneau du centre, l'autre se porte à la droite et commande.... et se porte devant le centre.	....	1. *A droite* = ALIGNEMENT. 2. FIXE.

Il en est de même du 2e peloton avec le 7e, et du 1er avec le 8e.

L'adjudant-major assure successivement la position des guides en se portant en arrière.

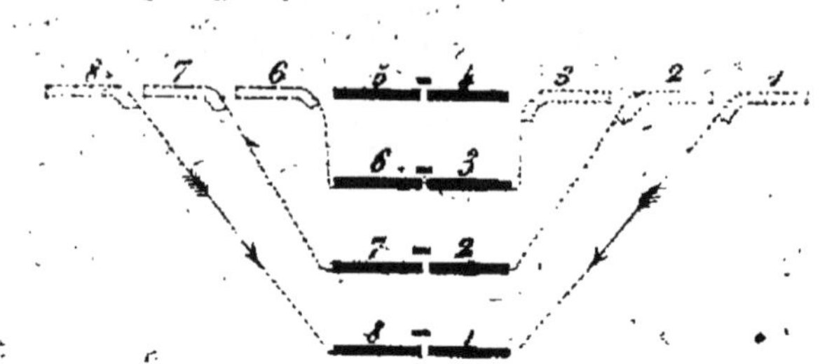

L'on forme la colonne double serrée en masse d'après les mêmes principes et par les mêmes commandements, en substituant, dans le 1.er, l'indication de *serré en masse* à celle *à distance de peloton.*

8.º Marcher en colonne double et changer de direction.

La colonne double marche et change de direction comme une colonne simple, pages 19, 93 et 101.

La colonne double doit avoir habituellement le guide à droite, mais elle peut le prendre à gauche ou au centre, selon la nécessité.

EXPLICATIONS.	COMMANDEMENTS	
	du chef de bataillon.	des chefs de peloton et de division.

9.° Arrêter la colonne double et la déployer face en avant.

On arrête la colonne double comme les colonnes simples, page 21.

Pour déployer la colonne l'on prend toutes les dispositions indiquées dans le 1.er alinéa de la page 103, avec la seule différence que les deux guides généraux se portent aux deux extrémités de la ligne de bataille, celui de droite à droite et celui de gauche à gauche.

Le chef de bataillon commande . . . .

1. *Déployez la colonne.*
2. *Bataillon* — A DROITE et A GAUCHE.
3. MARCHE.

La colonne déploie par le principe des déploiements des colonnes serrées, pages 103 et suivantes.

Au commandement de MARCHE, les chefs des 4.e et 5.e pelotons se portent à la droite de leur peloton et l'alignent respectivement à droite.

Après la formation l'on fait rentrer les guides.

B.

8.

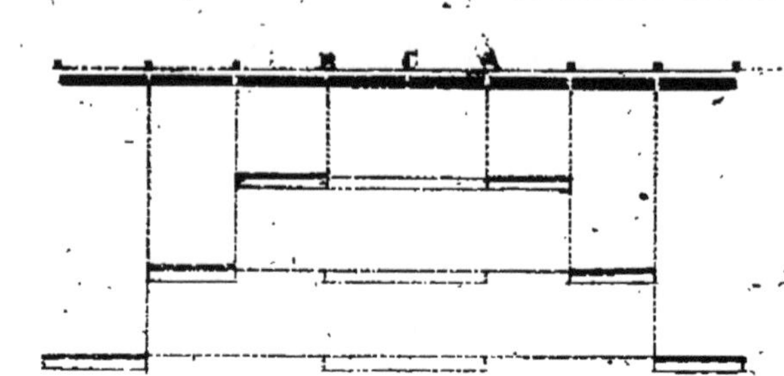

Si le chef de bataillon voulait faire exécuter le feu de deux rangs, il en préviendrait d'abord les chefs des 4ᵉ et 5ᵉ pelotons, lesquels se porteraient aussitôt à 4 pas en arrière des serre-files et commanderaient le feu dès qu'ils auraient entendu le commandement de FIXE fait au peloton qui s'établit immédiatement à leur droite ou à leur gauche.

Au commandement de *feu de deux rangs* fait au 4ᵉ peloton, le jalonneur *A* recule vis-à-vis la gauche du 3ᵉ peloton, celui *C* rentre en serré-file.

Au même commandement, fait au 5ᵉ peloton, le jalonneur *B* recule vis-à-vis la droite du 6ᵉ peloton.

Dès que les chefs des 3ᵉ et 6ᵉ pelotons ont entendu le commandement de FIXE des 2ᵉ et 7ᵉ, ils font exécuter le même feu, l'un des guides rentre en serre-file et l'autre recule vis-à-vis le peloton voisin, et ainsi de suite pour les autres pelotons.

La colonne double peut être déployée en marchant, c'est-à-dire sans être préalablement arrêtée, et par les mêmes commandements que de pied ferme.

EXPLICATIONS.	COMMANDEMENTS du chef de bataillon.	des chefs de peloton et de division.

10° La former quelquefois en bataille face à droite ou face à gauche.

Pour exécuter ce mouvement, il faut que la colonne soit à distance de peloton: si elle était serrée en masse, il faudrait lui faire changer de direction par le flanc de la colonne et ensuite la faire déployer.

La colonne étant à distance de peloton et le chef de bataillon voulant la déployer face à droite, il commandera..............

Les 4 premiers pelot. se forment à droite en bataille, par les moyens expliqués page 26, et les 4 derniers, sur la droite en bataille, par ceux expliqués pages 37 et 38.

1. *A droite en bataille, pelotons de gauche sur la droite en bataille.*

2. *Bataillon, Guide à droite.*

3. MARCHE.

Pour faire face à gauche, les 4 derniers se forment à gauche en bataille, et les 4 premiers sur la gauche en bataille, d'après les mêmes principes, l'on commande...

La colonne double peut être déployée sur tel peloton que l'on voudra, de pied ferme et en marchant; les principes restent les mêmes. Il suffit d'indiquer dans le commandement sur quel peloton elle devra se déployer.

1. *A gauche en bataille, pelotons de droite sur la gauche en bataille.*

2. *Bataillon, Guide à gauc.*

3. MARCHE.

EXPLICATIONS.	COMMANDEMENTS	
	du chef de bataillon.	des chefs de peloton et de division.

6.ᵉ LEÇON.

1.° Marcher en bataille en avant et en retraite, passage d'obstacles.

EXPLICATIONS.	du chef de bataillon.	des chefs de peloton et de division.
Si le bataillon n'était pas correctement aligné, le chef de bataillon commanderait.................. et lorsqu'ils sont placés face à droite sur la direction qu'il veut donner au bataillon, il ajoute........	*1. Drapeau et guides généraux sur la ligne.* *2. Guides sur la ligne.*	
Les chefs des 3 premiers pelotons se portent à la gauche, celui du 4.ᵉ recule au 2.ᵉ rang. Les remplacements, dans le demi-bataillon de droite, sortent pour jalonner face à gauche, et les guides de gauche, dans le demi-bataillon de gauche, sortent pour jalonner face à droite; les uns et les autres cherchent à couvrir le drapeau et le guide général qu'ils ont devant eux, sans s'occuper des autres guides.		

EXPLICATIONS.	COMMANDEMENTS	
	du chef de bataillon.	des chefs de peloton et de division.
Lorsqu'ils sont établis.	3. *Portes* = VOS ARMES.	
L'adjudant - major se porte en arrière du dra- peau et aligne le 4.e pe- loton.	4. *Sur le cen- tre* = ALIGNE- MENT.	
Le demi - bataillon de droite s'aligne à ganche et celui de gauche à droite..................	5. *Drapeau et guides* = A VOS PLACES.	

Tous les guides reprennent leurs places de bataille, ainsi que les chefs des 3 premiers pelotons.

A ————————————— B

Le bataillon étant correctement aligné et supposé de direction dans une ligne composée de plusieurs bataillons, son chef en avertit l'adjudant-major et se porte de sa personne à 4o pas en arrière de la file du porte-drapeau, en *A* ; l'adjudant-major se porte à pareille distance en avant, en *B*, et est établi sur la perpendiculaire par le chef de bataillon.

EXPLICATIONS.	COMMANDEMENTS du chef de bataillon.	des chefs de peloton et de division.

Le porte-drapeau prend aussitôt deux points à terre et un 3.e très-éloigné dans la campagne pour assurer sa direction.

Le chef de bataillon se porte ensuite à 60 pas en arrière, en *E*, sur le prolongement du drapeau et de l'adjudant-major, pour y établir les deux jalonneurs *C et D*, lesquels font face en arrière et sont placés, le 1.er, à 25 pas du 2.e rang du bataillon; le 2.e, à 25 pas en avant du 1.er. Le chef de bataillon commande en- suite. . . . . | 1. *Bataillon en avant.*

Le 1.er rang de la garde du drapeau et les 2 guides généraux se portent à 6 pas en avant, et le se- cond rang de la garde du drapeau avance au 1.er

Les chefs de peloton du demi-bataillon de gau- che se portent à la gau- che, le remplacement du 5.e passe au 1.er rang, et le sous-officier qui ferme la gauche du bataillon recule au 2.e rang.

L'adjudant-major se place à 12 ou 15 pas sur la droite du 4.e peloton. L'adjudant se place à 6 ou 8 pas sur l'un ou l'autre

EXPLICATIONS.	COMMANDEMENTS	
	du chef de bataillon.	des chefs de peloton et de division.
flanc du porte-drapeau..	2. MARCHE.	

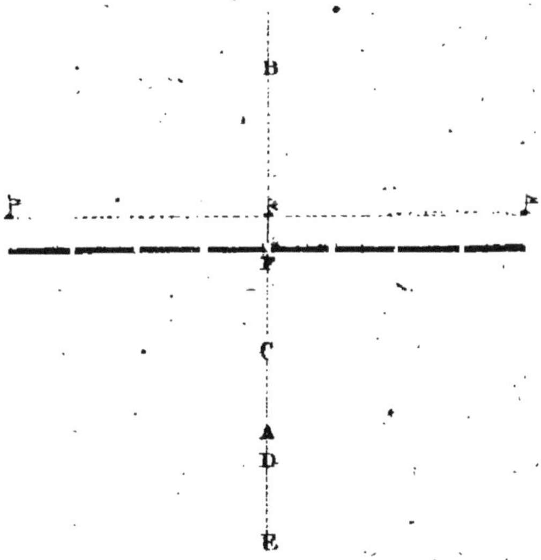

B

P   F

C

A

D

E

Dès que le bataillon a fait quelques pas, un $3.^e$ jalonneur *F* se place en arrière de *G*, à 25 pas. *D* quitte sa place et se porte à 25 pas en arrière de *F* et ainsi de suite alternativement : un officier est chargé de surveiller leur placement en se tenant toujours en avant du plus éloigné du bataillon.

Pendant la marche l'adjudant se porte quelquefois à 25 ou 30 pas en avant du porte-drapeau, face aux

EXPLICATIONS.	COMMANDEMENTS du chef de bataillon.	des chefs de peloton et de division.
jalonneurs et sur leur prolongement, pour s'assurer si le drapeau marche bien sur la perpendiculaire. Pour faire marcher en retraite, le chef de bataillon commande............	1. *Face en arrière.* 2. *Bataillon demi-tour* = À DROITE.	
Si le rang du porte-drapeau et les guides généraux se trouvent en avant, ils reprennent leurs places de bataille. Le drapeau passe au 2.ᵉ rang devenu 1.ᵉʳ Le chef de bataillon et l'adjudant-major exécutent ce qui est prescrit pages 117 et 118. Si c'est un bataillon de direction, le chef de bataillon fait placer des jalonneurs qui font face au bataillon. Le 1.ᵉʳ, *C*, à 25 pas en arrière de l'adjudant-major *B*; le 2.ᵉ, *D*, à 25 pas en arrière du 1.ᵉʳ, et ainsi de suite alternativement. Si les jalonneurs se trouvent déjà derrière le 2.ᵉ rang, ils font seulement demi-tour avec le bataillon........	3. *Bataillon en avant.*	
Le porte-drapeau et les		

EXPLICATIONS.	COMMANDEMENTS	
	du chef de bataillon.	des chefs de peloton et de division.

deux guides généraux se portent à 8 pas en avant du
2.º rang. Le second-rang de la garde du drapeau se
porte au 2.º rang devenu premier.

Les remplacements avancent sur l'alignement des
serre-files et les chefs de peloton avancent au 2.º rang
devenu premier.

L'adjudant-major se place en avant des serre-files,
sur la droite du 4.º peloton.

Tout le reste s'exécute comme dans la marche en
avant.

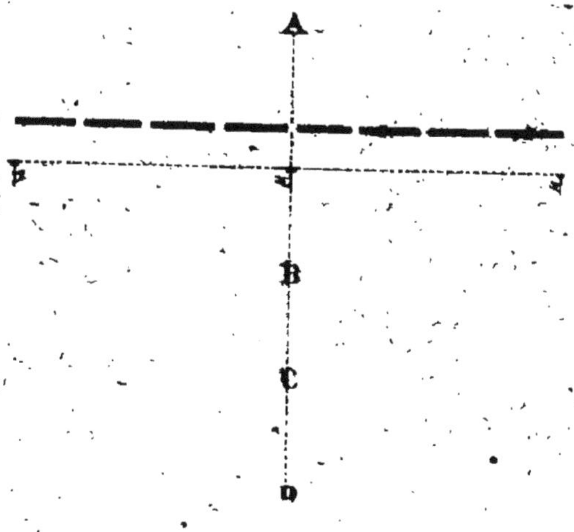

EXPLICATIONS.	COMMANDEMENTS	
	du chef de bataillon.	des chefs de peloton et de division.

Pour remettre le bataillon face en tête, le chef de bataillon commande.... — 1. *Face en tête*

Tout le monde reprend sa place de bataille. — 2. *Bataillon, demi - tour ＝A DROITE.*

Passage d'obstacles.

Ces mouvements consistent à faire ployer les pelotons masqués, en colonne à distance entière, en arrière du peloton le plus voisin du côté du drapeau.

Si, par exemple, un obstacle se trouve devant le 3.ᵉ peloton, le chef de bataillon commande.... — 3.ᵉ *Peloton, obstacle.*

Le chef de peloton se porte au centre et ajoute. et se porte aussitôt à la gauche de son peloton, s'arrête à hauteur du chef du 4.ᵉ peloton, voit filer le sien, et lorsque le guide de droite arrive près de lui, il ajoute encore.... et se porte devant le centre de son peloton.

— 1. 3.ᵉ *Peloton, par le flanc gauche en arrière en colonne.*
2. MARCHE.
3. 3.ᵉ *Peloton.*
4. *Par le flanc droit.*
5. MARCHE.
6. *Guide à droite.*

Dès que le peloton a se

EXPLICATIONS.	COMMANDEMENTS	
	du chef de bataillon.	des chefs de peloton et de division.
distance, son chef commande.............	....	7. *Au pas.*
Le guide de droite marche dans les traces du chef du 4.ᵉ peloton.		
Le guide de gauche du 2.ᵉ se place aussitôt qu'il peut passer, à la gauche de son peloton, afin de maintenir entre lui et la droite du 4.ᵉ distance de peloton.		
Dès que l'obstacle est dépassé, le chef de bataillon commande......	3 *Peloton en avant en ligne.*	
Le chef de peloton ajoute..............	....	1. *Par peloton demi-à-droite.*
Le peloton converse et accélère le pas, et lorsqu'il a assez tourné.....	....	2. *Marche.* 3. *En avant.* 4. *Marche.* 5. *Guides à droite.*
Et lorsque le peloton arrive sur la ligne des autres pelotons............	....	6. *Au pas.*

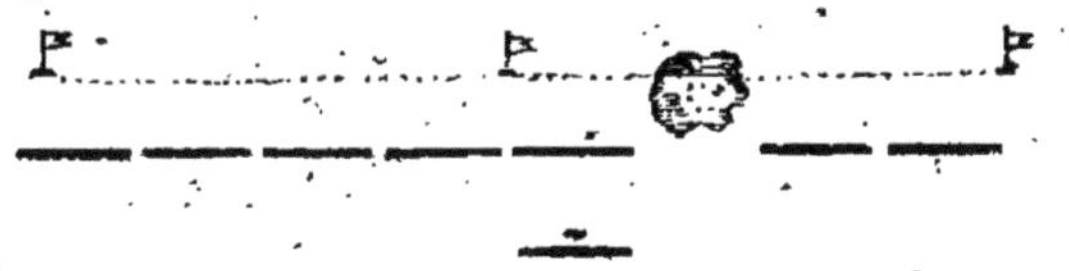

EXPLICATIONS.	COMMANDEMENTS	
	du chef de bataillon.	des chefs de peloton et de division.
Si l'obstacle se trouve devant les 3 pelotons de droite, le chef de bataillon commande.................	1. *3 Pelotons de droite, obstacle.* 2. *Par le flanc gauche en arrière en colonne.* 3. MARCHE.	

Chacun des pelotons désignés exécute ce qui a été expliqué ci-contre pour le 3.e, et tous trois marchent en colonne, à distance entière, avec le guide à droite, derrière le 4.e peloton.

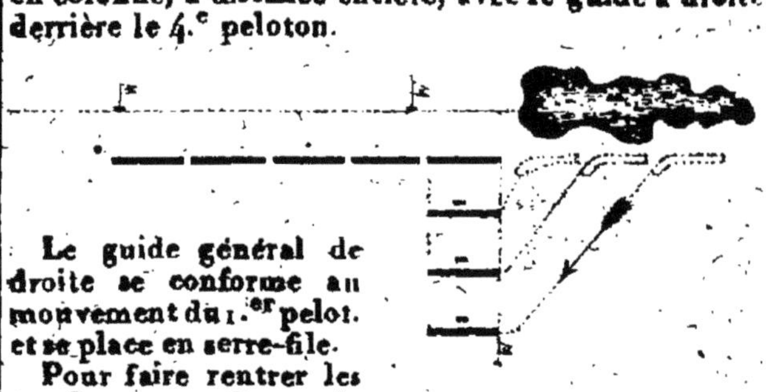

Le guide général de droite se conforme au mouvement du 1.er pelot. et se place en serre-file. Pour faire rentrer les 3 pelotons en ligne, le chef de bat. commande..	1. *3 Pelotons de droite en av. en ligne.*	
Chaque chef de peloton ajoute.		1. *Par peloton demi-à-droite.*
	2. MARCHE.	2. MARCHE.

EXPLICATIONS.	COMMANDEMENTS	
	du chef de bataillon.	des chefs de peloton et de division.

| Et lorsque chaque chef de peloton juge que son peloton a assez conversé, il ajoute.... | 3. *En avant.* 4. MARCHE. 5. *Guide à gauche.* |

Le reste s'exécute, pour chaque peloton, ainsi qu'il a été expliqué pour le 3.º, page 123.

Si les obstacles se trouvaient en avant du demi-bataillon de gauche, le mouvement s'exécuterait d'après les mêmes principes et par les commandements inverses.

Lorsque le peloton de la garde du drapeau rencontre un obstacle, il se porte en arrière du 1.ᵉʳ peloton qui se trouve à sa gauche, si l'on marche par le 1.ᵉʳ rang; et à sa droite, si l'on marche par le 2.ᵉ, l'adjudant marche à 6 pas en avant de la droite ou de la gauche de ce peloton; le drapeau et le 1.ᵉʳ rang de sa garde rentrent au moment où le peloton fait à gauche ou à droite.

Lorsque le bataillon est arrêté, pour marcher en retraite, ayant un ou plusieurs pelotons en obstacle, les pelotons font demi-tour en même temps que le bataillon et marchent en colonne en avant, par le 2.ᵉ rang.

Si, en marchant en retraite, on veut les faire rentrer en ligne, ils obliquent du côté de leur intervalle au commandement de leur chef, et lorsqu'ils se trouvent vis-à-vis, ils marquent le pas pour attendre le bataillon et pour rentrer en ligne. Si le peloton du drapeau rentre en ligne, le drapeau et le 1.ᵉʳ rang de sa garde reprennent alors leur place en avant et l'adjudant se porte à 25 ou 30 pas en avant pour la direction.

Si plusieurs pelotons du centre rencontrent un obstacle, chacun d'eux se place en colonne derrière le demi-bataillon auquel il appartient,

EXPLICATIONS.	COMMANDEMENTS	
	du chef de bataillon.	des chefs de peloton et de division.

2.° Changer de direction en bataille en avant et en retraite.

EXPLICATIONS.	COMMANDEMENTS du chef de bataillon.	des chefs de peloton et de division.
Pour changer de direction à droite, le bataillon marchant en avant.	1. *Changem. de direction à droite.*	
La droite ne fait que pivoter, le centre marche le pas de 33 cent., et la gauche le pas de 66 centim. (2 pieds).	2. MARCHE.	
L'adjudant se place en avant et face au porte-drapeau, et veille à ce que le cercle qu'il décrit, ne soit ni trop grand ni trop petit.		
Le guide général de gauche se tient constamment aligné avec le drapeau et le guide général de droite.		
Pour faire reprendre la marche directe, le chef de bataillon commande.	3. *En avant.* 4. MARCHE.	

L'adjudant se porte à 30 ou 40 pas en avant du drapeau, fait face au chef de bataillon, qui l'établit par des signes sur la perpendiculaire. Le porte-drapeau prend aussitôt sa direction.

Les changements de direction à gauche, ou lorsque le bataillon marche par le 2.° rang, s'exécutent d'après les mêmes principes.

EXPLICATIONS.	COMMANDEMENTS	
	du chef de bataillon.	des chefs de peloton et de division.

3.° Marcher obliquement en bataille.

	1. *Oblique à droite.*
L'adjudant se porte en avant du porte-drapeau, lui fait face et veille à ce qu'il soit toujours sur la direction du caporal placé au centre du second rang de sa garde, et à ce que l'un et l'autre obliquent d'un mouvement égal.	2. MARCHE.
Pour faire reprendre la marche................	3. *En avant.*
	4. MARCHE.

L'adjudant se porte à 3o pas en avant du porte-drapeau et se place comme il a été expliqué dans l'avant-dernier alinéa de la page 126.

COMMANDEMENTS ET INDICATIONS.

4.° Faire battre la berloque et rallier le bataillon en bataille et en colonne.

A la batterie de la berloque, le bataillon s'éparpille.

Le chef de bataillon, voulant le rallier en bataille, fait battre *au drapeau* et place le porte-drapeau et deux jalonneurs à distance de peloton sur la direction qu'il veut donner au bataillon.

A la batterie du drapeau tous les pelotons se rassemblent à 6 pas en arrière de la place qu'ils doivent occuper en bataille, et celui du drapeau s'établit à cet effet, promptement contre les deux jalonneurs; les autres se portent successivement sur la ligne, comme dans les déploiements.

Si le chef de bataillon veut le rallier en colonne, il fait battre *l'assemblée*, et place deux jalonneurs sur l'emplacement que doit occuper le 1.er peloton.

A cette batterie, le chef du 1.er peloton le rassemble et l'aligne contre ces deux jalonneurs.

Les autres pelotons sont rassemblés à distance de section à la place qu'ils doivent occuper dans la colonne, et alignés à gauche.

EXPLICATIONS.	COMMANDEMENTS	
	du chef de bataillon.	des chefs de peloton et de division.

Déploiement d'un bataillon en tirailleurs.

Le chef de bataillon voulant déployer ses 5 pelotons de gauche en tirailleurs, sur la droite du 6.e et conserver les 3 premiers en réserve, en prévient l'adjudant-major, l'adjudant et le commandant du peloton de réserve; il indique en même temps, à l'adjudant-major, la direction qu'il veut donner à la ligne, ainsi que le point où doit appuyer la droite du 6.e peloton, et au commandant de la réserve, le terrain sur lequel il devra l'établir.

L'adjudant-major se porte aussitôt en *A*, à 8 ou 10 pas en avant de la droite du 6.e peloton, et l'adjudant en *B*, à pareille distance en avant de la gauche, ensuite

EXPLICATIONS.	du chef de bataillon.	des chefs de peloton et de division.
le chef de bataillon commande..................	1. *Pour déployer en tirailleurs.* 2. *Par peloton à* 100 *pas sur la droite du* 6.e; *prenez vos intervalles.*	
Les chefs des 5.e et 6.e pelotons commandent...		1. tel *Peloton en avant.* 2. *Guide à droite.* 3. MARCHE.
et les arrêtent lorsqu'ils ont marché 8 ou 10 pas en avant, ensuite ils com-		

B.   9.

EXPLICATIONS.	COMMANDEMENTS	
	du chef de bataillon.	des chefs de peloton et de division.
mandent...............	....	1. *Pour déployer en tirailleurs.*
Celui du 5.e peloton..	....	2. *Sur la file de gauche à 10 pas prenez vos intervalles.*
Celui du 6.e peloton..	....	3. *Sur la file de droite à 10 pas prenez vos intervalles.*
Le chef du 4.e peloton.	....	1. *Peloton par le flanc droit.*
		2. A DROITE.
Ceux des 7.e et 8.e....	....	1. *Peloton par le flanc gauche.*
Ces dispositions étant faites, le chef de bataillon commande........	3. MARCHE.	2. A GAUCHE.

Le guide de droite du 6.e peloton se dirige sur le point
C que lui indique l'adjudant-major, et celui de gauche
du 5.e sur le point *D*, représenté par l'adjudant, à 5 pas
sur la droite de *C*; les deux pelotons se déploient.

Le 4.e peloton marche 100 pas droit devant lui, par
le flanc, est arrêté, mis de front, et porté à 8 ou 10 pas
en avant pour déployer sur sa dernière file, son guide
de gauche se dirige sur le point *E*.

Les 7.e et 8.e pelotons marchent également par le
flanc; le 7.e est arrêté lorsqu'il a fait 100 pas, mis de

front, porté 8 ou 10 pas en avant, et déployé sur la 1.re file; son guide de droite se dirige sur le point *F*.

Le 8.e peloton continue à marcher jusqu'à ce qu'il soit séparé du 7.e par 100 pas, et exécute ensuite la même chose que ce dernier; son guide de droite se dirige sur le point *G*.

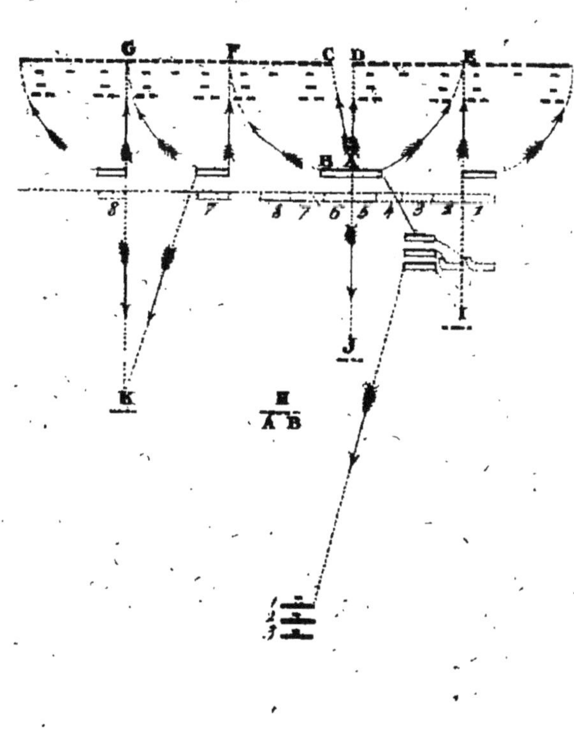

Le 1.er sergent à 10 pas en arrière de la droite de son peloton ; le 2.e, à pareille distance en arrière la de gauche ; et le 3.e, à pareille distance en arrière du centre. Le lieutenant à 30 pas en arrière du centre de la 2.e section. Le sous-lieutenant à pareille distance en arrière de la 1.re avec chacun 2 hommes.

L'adjudant-major et l'adjudant suivent le déploiement, après quoi ils se placent derrière le chef de bataillon H, placé à 200 pas en arrière.

Les réserves des pelotons sont formées avec un nombre de files déterminé et pris par la droite ou par la gauche, celles des 4.e et 5.e réunies, à 120 pas en arrière du centre de ces deux pelotons, en I ; celle du 6.e, à 150 pas en arrière de ce peloton, en J ; celles des 7.e et 8.e à 180 pas en arrière du centre de ces deux pelotons, en K.

Le commandant des pelotons de réserve, après avoir reçu l'ordre du chef de bataillon, leur fait faire demi-tour, les porte à 30 pas en arrière, les ploie en colonne à demi-distance et porte ensuite cette colonne en arrière du centre de la ligne, au point ou à la distance qui lui aura été indiquée.

Si, au lieu de déployer en avant, l'on déployait par le flanc, les pelotons ne s'en porteraient pas moins 8 à 10 pas en avant, comme dans l'exemple précédent pour déployer ensuite sur leur première ou dernière file, selon leur position.

Si le bataillon était en colonne, on le déploierait en tirailleurs par les mêmes commandements et d'après les mêmes principes.

Dans ce cas, si le déploiement devait se faire en avant, le peloton de direction, sitôt démasqué, se porterait à 8 ou 10 pas en avant de la tête de la colonne, les autres se porteraient successivement sur la même ligne et déploieraient aussitôt qu'ils seraient arrivés sur cette ligne.

S'il se faisait par le flanc, les dispositions seraient les mêmes, seulement les pelotons attendraient pour se déployer que le peloton voisin, du côté de la direction, ait achevé ce mouvement.

EXPLICATIONS.	COMMANDEMENTS.	
	du chef de bataillon.	des chefs de peloton et de division.

Ralliement d'un bataillon déployé en tirailleurs.

Le chef de bataillon dispose le plus promptement possible ses réserves de manière qu'elles forment la 1.ʳᵉ face d'un carré, et commande ensuite..... | *Ralliem. sur la réserve.* |

Les tirailleurs prennent aussitôt le pas de course et viennent former successivement les autres faces du carré commencé par leur réserve respective; les premiers arrivés forment les faces latérales; les derniers forment la 4.ᵉ Tous se placent sur deux rangs, sans distinction de taille et font face en dehors.

Ces carrés marchent vers la réserve du bataillon dès qu'ils le peuvent, en se formant en colonne.

Si la réserve du bataillon est menacée par la cavalerie, elle forme elle-même le carré.

TABLE.

5.ᵉ LEÇON.

FIN.

www.ingramcontent.com/pod-product-compliance
Ingram Content Group UK Ltd.
Pitfield, Milton Keynes, MK11 3LW, UK
UKHW020210130726
13696UKWH00002B/819